U0136904

牟宗三佛性與般若與存有論問題

吳汝鈞　王明翠　合著

臺灣 學生書局 印行

序

吳汝鈞

　　二〇二二年，我替國立中央大學中文所與哲研所開了一門課，講述牟宗三先生對中國哲學的理解，研讀他的幾部重要的著作：道家方面有《才性與玄理》；儒家方面有《心體與性體》和《從陸象山到劉蕺山》；佛教方面有《佛性與般若》，睿智的直覺方面有《智的直覺與中國哲學》和《現象與物自身》。當然不是全部都閱讀，而是閱讀其重要的部分。研讀的方式，是由同學先寫就一份報告，在課堂上講述，我在旁回應，包括修正與補充；其他同學也作回應，表示自己的理解，也提出新的問題。整個過程都有錄音，同學回家作逐字稿，交回來由我整理，看是否可以交給書局或出版社印行成書流傳。目前印行的部分，是由王明翠同學所處理的牟先生對中國佛教的理解，研讀文獻是牟先生的《佛性與般若》。這部鉅著是牟先生著書中挺難讀的，但在明翠君的專心、耐心的態度下，寫出〈牟宗三佛性與般若之哲學思想〉的報告，非常完整、周延，非始料所及。明翠君來自越南，是中央大學的博士生，專攻臺灣文學，其勤奮好學，將來的成就，我們可拭目以待。

　　這本書的印行，除了廣泛地和深入地研究牟先生對佛學特別是中國佛學的理解外，還包括牟先生對天台學的獨有的見解，那

便是對天台學的存有論的確認。牟先生認為天台學有一套存有論，那是在圓教模型下的存有論。他曾作過對天台學的深刻的判釋，認為天台學通過一種非分解的辯證思維，對存在世界的種種法有一根源性的說明，這是作為佛學的主流的般若思想和中觀學所沒有的。後兩者的宗旨是透過諸法無自性因而是空的立場來蕩相遣執，破除我們對存在世界的種種法的執著，從因這種執著而生起種種苦痛煩惱中解放開來，以成就宗教上的覺悟，而得解脫。他認為佛性具足一切法，能發出般若智慧，以開出成覺悟、得解脫的坦途。佛性的這種具足一切法，是存有論的圓具。

　　按牟先生的這種圓具一切法，對諸法有一種根源的說明，是順著他對儒家的實體主義的觀點說下來的。在他看來，儒家所強調的天道、天理、天命或良知，作為形而上的實體，其內容都是一樣的，它能創生宇宙萬物，對於宇宙萬物，可說有一根源的說明。但這樣的形而上的本體宇宙論的架式，能否應用到佛學特別是天台學方面呢？我想問題不是那麼簡單，因而需要仔細考量。佛學在哲學方面有很高的成就。但它畢竟是一種宗教，它的終極關懷是在對眾生的救渡方面，讓他們了達空的真理，最後得以成就正覺，證得涅槃，離苦得樂。它不會把努力放在對世界的客觀的認知方面，對後者建立存有論。這其實是大小乘各派共同具有的目標。其中只有早期的說一切有部（Sarvāsti-vāda）是例外，它所倡導的法有我無的觀點顯然遠離了釋迦牟尼及原始佛教的「諸法無我」的宗旨。這有部的教派，很快便消亡了。有人可能會提唯識學，後者透過種子（bīja）的生起萬法來解釋。但這不能說是根源的說明，因種子是剎那滅的，是生滅法的經驗主義性格，不能與於天道、天理、天命、良知的超越的依據。只有超越

的性格，才能成就根源的說明，經驗的性格缺乏根源性，因而也不能成就根源的說明。即使是唯識學所說的識，以至於第七末那識和第八阿賴耶識，亦不能說根源性。依唯識學，外境需依於識的存在性，但識亦不是實在，它仍具很濃的染污性，最後還是要被轉的，「轉識成智」。

天台宗智顗大師在他的鉅著《法華玄義》第二卷中，提出一種挺重要的觀點：「當教論中，但異空而已。中無功用，不備諸法。」他是在批評以般若思想和中觀學為代表的通教所說及的中道，只是稍不同於空而已，這中道作為終極真理，是沒有功用，不能生起救渡眾生的大用，而且不具足諸法。牟宗三先生便依此而說智顗大師的中道或中道佛性具足諸法，而且這是存有論的圓具。他因此便確定天台學有一套存有論。我在拙著《法華玄義的哲學與綱領》中用了幾章，特別是〈具足諸法的存有論義與救贖論義〉，說明天台學並不刻意要建立一種存有論，它說佛性具足或擁抱諸法是救贖性格的，不是存有論地圓具諸法。最低限度，天台學並不特別關心存有論的問題，未有特別要建立存有論。

本書第一部分收入王明翠君所撰述並由我補充和審定的牟宗三先生在其鉅著《佛性與般若》所展示的對佛學特別是天台學的哲學思想的報告；另一部分是收入我對牟先生提出天台學的存有論的圓具的說法的回應的幾篇文字。這即是拙著《法華玄義的哲學與綱領》中的〈法華玄義的佛性思想〉、〈具足諸法的存有論義與救贖論義〉和〈法華玄義的圓教模型〉三篇；另外有拙著《從詮釋學與天台學說起》中的〈牟宗三先生對於天台學的理解〉一篇。

是為序。

牟宗三佛性與般若與存有論問題

目　次

第一部分

牟宗三《佛性與般若》之哲學思想

王明翠撰述，吳汝鈞補充、審定

吳汝鈞：牟宗三先生對中國哲學的了解，基本上包括儒家、佛教、道家這幾個方面。例如：《心體與性體》，《從陸象山到劉蕺山》，《才性與玄理》等。前二者講宋明儒學，第三者則講魏晉的道家。我們今天要特別探討的是牟宗三對佛教的研究。在這方面，他只寫了一本書，就是《佛性與般若》，專門談中國佛教的思想的發展。從這部分，我們可以看到中國佛教的重點在兩個方面，一個是佛性，另外的就是般若這方面，然後把佛性跟般若講成為一種本源，另外一種是發用，其中佛性是本源，它所開出來的是般若的智慧，就是以佛性為體，般若為用，在這脈絡上，講中國的佛教。有關佛教的思想，牟宗三雖然只寫了這本《佛性與般若》，可是一寫出來，不論從內容的廣度、深度，跟理論的嚴格性，都有他非常特出的講法。在他對中國佛教整個傳統來講，他對於中國佛教的發展，有他自己的一種特出的看法。

他認為中國佛教發展到天台宗，是中國佛教最高的開拓、最圓滿的教法。這跟唐君毅所講的不一樣。唐先生強調華嚴宗是中國佛教發展出的最崇高的教法。牟先生認為天台宗是最圓滿的，他的重點就是在博厚這方面。唐君毅對中國佛教的發展，重點放在華嚴宗這方面，他認為華嚴宗的教理是最崇高的，也是最廣大的。所以他們兩位對天台宗跟華嚴宗有不同的看法。那麼哪一位的講法比較正確？有比較高的認證性？這問題很難講。在唐君毅的看法，華嚴宗的特點是高明，牟宗三對天台宗的闡述，認為天台宗是最圓滿的教法，而天台宗的重點是在博厚的境界。華嚴宗強調高明，天台宗強調博厚，這是唐君毅跟牟宗三講中國佛學不同的了解。我們先對《佛性與般若》有這樣的了解。明翠，現在就到你講你的報告。

王明翠：老師、學長、學弟，大家好！我今天要報告的主題是「牟宗三《佛性與般若》之哲學思想」。牟宗三（1909-1995），是中國現代思想家、哲學家、教育家，也是新儒家學派的代表人物。其著作《佛性與般若》一書出版於 1977 年 6 月（具體寫作時間從 1969 年至 1975 年），可說是牟宗三先生 70 餘歲以後成書的代表作（此時牟宗三已是卓然有成的思想家），也是牟先生疏解大乘佛學唯一具有系統性的著作。我的這份報告主要分為五個部分：第一部分是綜觀《佛性與般若》這本書；第二部分是對般若思想之重點討論，此部分會分兩個大重點，一為《大般若經》（*Mahāprajñāpāramitā-sūtra*）與《大智度論》（*Mahāprajñāpāramitā-śāstra*），另外的是對《中論》（*Mūlamadhyamaka-kārikā*）的評價；第三部分是前後期唯

識學以及《起信論》與華嚴宗之重點討論；第四部分是天台宗之重點討論；最後是結語。《佛性與般若》是牟先生著作中非常難懂的一本書，裏面所討論的議題很深奧，我目前只是針對這本書的大綱提出一些基本的問題與討論，同時也希望老師及大家多多指教。

吳汝鈞：我在這裏先把佛性與般若所涉及的那些義理、思想，做個簡單的說明。這裏你所提的那基本的經典，像《大般若經》、《大智度論》跟《中論》，還有關於唯識學這四個部分，都是印度佛教的內涵。然後，印度佛教發展到中國後，開拓出中國佛教以天台、華嚴跟禪為主的思想，特別是天台跟華嚴。天台跟華嚴的發展最先是從印度佛學發展出來，例如天台思想是從《法華經》（*Saddharma-puṇḍárīka-sūtra*）發展出來。然後華嚴宗是從《華嚴經》（*Mahāvaipulya-buddhâvataṃsaka-sūtra*）發展出來的思想。《法華經》跟《華嚴經》都是印度佛教的經典，它們各自開拓出天台跟華嚴這兩大宗派，也就是中國佛學這方面的成就。所以在他整本《佛性與般若》這本巨著裏面，他是依據印度佛學的這些義理內涵作為根據，開拓出中國佛教，這是從印度佛教開拓出去，也可說是先進於印度佛教的思想。所以我們通常把天台跟華嚴看成為中國佛教所開拓出來的思想，然後《大般若經》、《大智度論》、《中論》，然後《法華經》跟《華嚴經》等，都是印度佛教原來的重要經論。我們在這裏可以看到，在牟宗三眼中，佛教怎麼樣從印度佛教轉到中國佛教，開拓出這中國佛教兩個思想體系，就是天台跟華嚴。我這裏先做一種說明。

一、綜觀《佛性與般若》

王明翠：我們先針對《佛性與般若》這本書進行綜合的整理。誠如前面所言，《佛性與般若》是牟宗三先生疏解大乘佛學唯一具有系統性的著作。此書序言中表示：「《才性與玄理》主要地是詮表魏晉一階段的道家玄理，《心體與性體》是詮表宋明的儒學，而本書則是詮表南北朝隋唐一階段的佛學。」[1]

吳汝鈞：他這裏講到儒家思想，提到《心體與性體》，應該還有一本書就是《從陸象山到劉蕺山》，講宋明儒學基本上是四本大書。《心體與性體》，另外有《從陸象山到劉蕺山》，可以說他是以這些著作來講儒家的思想。

王明翠：《佛性與般若》全書一千二百餘頁，共計一百餘萬字，此書是牟先生繼《才性與玄理》、《心體與性體》等書之後又一部闡釋中國思想的專著。《佛性與般若》可說是代表牟先生晚年哲學思想進展中的一個重要環節。魏晉玄學、宋明理學及南北朝隋唐佛學三階段主流的思想內容，就中國哲學史而言，是不易把握的。尤其是南北朝隋唐此一階段的佛學非常難懂，由於其文獻的浩瀚、宗派繁多及名相複雜等。

牟宗三說：「我非佛教徒。然如講中國哲學史，依學術的立場，則不能不客觀。我平視各大教，通觀其同異，覺得它們是人類最高的智慧，皆足以決定生命之方向。過分貶視儒家道家，我

---

[1]　牟宗三，《佛性與般若・序》（臺北：臺灣學生書局，1977），上冊，頁 1。

們覺得不對，過分貶斥佛教亦同樣是不對的。若從歷史文化底立場上說，都有其高度的價值，亦都有其流弊。……今純從義理上說，則亦可以心平氣和矣。」[2]牟先生多次強調自己不是佛教徒，對於探究佛學這件事是依學術的立場進行，並從客觀的角度出發，從義理平視各大教，因此也不存有任何偏見。不過牟先生也多次明確表示他特別欣賞天台哲學，因此雖然沒有宗派偏見，但不免有自己的主觀感受。他在序言中說：「我既依講中國哲學史之立場，我不能有此宗派之偏見。我既非佛弟子，我根本亦無任何宗派之偏見。然當我著力浸潤時，我即覺得天台不錯，逐漸漸特別欣賞天台宗。這雖非偏見，然亦可說是一種主觀的感受。主觀的感受不能不與個人的生命氣質有關。然其機是主觀的感受，而浸潤久之，亦見其有客觀義理之必然。吾人以為若不通過天台之判教，我們很難把握中國吸收佛教之發展中各義理系統（所謂教相）之差異而又相關聯之關節。」[3]可見牟先生對天台具有非常高的評價。

　　《佛性與般若》全書共有兩冊，牟先生先對般若思想、前後期唯識學、華嚴宗等闡述，最後談天台宗義理。雖說如此，但從一開始，他就以天台的理論去分析、對比各家宗派（包括般若、中觀、唯識、如來藏及華嚴思想），而這亦是牟先生比較獨特的地方。就因為這本書透過天台哲學去評比各家宗派，對初學者而言，實在不易掌握，讀者要對佛教，尤其是對天台思想有一定的了解，才能看得懂。

2　牟宗三，《佛性與般若・序》，上冊，頁5。

3　牟宗三，《佛性與般若・序》，上冊，頁7。

吳汝鈞：我在這裏做一些補充。牟宗三強調他不是佛教徒，就是以非佛教徒來看佛教的教理。這有一個好處，他可以在佛教徒身份以外的角度來講佛教，所以他對於佛教的關聯，是以一種客人的身份來說佛教。如果說一個佛教徒要講佛教的思想，它有一點不能違背，就是要遵守佛教的家法，就是說你是佛教徒，你就應該尊敬佛教的教理，即便教理裏面有一些不是很合情合理的說法，你也要尊重。可是，如果你以一個非佛教徒的身份來講佛教，那你就不需要守這家法，不一定要推崇佛教的教理。所以牟宗三寫《佛性與般若》，講中國佛教思想，他是以客觀的身份來講。所以，他就可以很自由自在對佛教的種種教理，以一個理性的眼光來講，不需要遵守佛教裏面的家法。他這個身份，跟佛教徒講佛教不一樣。例如，印順是佛教徒，他講佛教，常常都是站在佛教徒的立場講，尤其是當他把佛教跟其他思想做比較，他對佛教本身就有一種護教、維護教法的想法。印順是一個非常好的佛教學者，可是他講佛教，特別是中觀佛教這方面，他還是要尊重佛教的家法。所以牟宗三有這個好處。

王明翠：《佛性與般若》的焦點在於天台圓教的觀念。從本書的結構及內容的呈現，不能否認牟先生的確非常欣賞天台哲學。他透過天台哲學評比諸家，把天台圓教視為最高的圓教。針對這一點，牟先生雖說他沒有特定的宗派成見，但以天台學作為評判的依據，就從個人角度而言，或多或少會影響他探究佛教思想的抉擇與視野。甚至導致學者專家或者佛教徒他們對牟先生的見解作出一定的回應。吳老師您有什麼想法呢？

吳汝鈞：牟宗三不是佛教徒，更不是天台佛學的教徒，所以

他講這天台佛學，都不需要遵守佛教徒一般所要遵守的家法。比如說某個教派的教理所講的教法有問題的時候，如果是一個佛教徒來講，他常常要遵守家法，對他所講的佛教，不能有太強烈的反駁。牟宗三不是佛教徒，所以他可以以一種客觀的、一種包含性很廣的角度來了解天台宗，最後他覺得天台宗是最後的最好的教理。他提出這見解是從比較客觀的角度看，沒有是佛教徒不是佛教徒這麼一種對家法有特別的態度。牟宗三沒有這限制，所以他對天台宗的推崇，不是以佛教徒或者天台的佛教徒這個身份來講。我們最後也可以說，他對天台宗這種評價應該沒有個人的偏見在裏面，他提出天台教理的那些講法應該是客觀的、公平的。

　　王明翠：牟先生認為天台圓教是承《法華經》開權顯實而建立的。根據牟先生的說法，天台宗圓教是依「非分解地說」（非分別說）進行，他認為凡依「分解地說」（分別說）的就是「權教」，非分解說的即是「實教」，法華圓教因走非分解的路，抉了分別說的權教，而開權顯實，所以才是真正的圓教。分別說與非分別、分解地說，都是牟先生在《佛性與般若》中所強調的概念。分別說與非分別說是佛教的語詞，或可稱差別說與非差別說；若用現代西方的說法，則是分解地說與非分解地說[4]。分別說即透過分析各種名相、概念而建立的教理系統；與非分別說相對稱；若用現代西方的說法，分解地說，即把事物的各組成部分剖析出來，與非分解相對稱。牟先生的佛學研究，簡單而言，就是以分解地說與非分解地說（分別說與非分別說）這個模型作為

4　牟宗三，《中國哲學十九講》（臺北：臺灣學生書局，1983），頁332。

評判標準，而透過這些概念的認識，可助於我們閱讀或掌握此書之旨趣。

關於牟宗三的佛學研究的根本立場，參見其文：

> 本書以天台圓教為最後的消化。華嚴宗雖在時間上後於天台，然從義理上言，它不是最後的。它是順唯識學而發展底最高峰，但它不是最後的消化，真正的圓教。本書於天台圓教篇幅最多，以難了悟故，講之者少故，故須詳展。又以為此是真正圓教之所在，故以之為殿後。本書以般若與佛性兩觀念為綱領。後來各種義理系統之發展皆從此綱領出。吾人通過此綱領說明大小乘各系統之性格——既不同而又互相關聯之關節。般若是共法；系統之不同關鍵只在佛性一問題。系統而至無諍是在天台圓教。故天台圓教是般若之無諍與系統之無諍之融一。徒般若之無諍不能決定系統之不同也。[5]

牟先生對佛學研究的根本立場，講到最後歸宗於天台，認為天台圓教乃是「最後的消化」，將天台圓教視為最圓滿、最究竟的系統。另外，牟先生也表示這本書是以佛性與般若這兩個觀念作為綱領，以佛性與般若分別為體、用，縱貫全書，所以若想把握此書的旨趣以及主要的觀點，要先討論牟先生對佛性與般若兩者的義理與關聯。

吳汝鈞：我在這裏做一些補充，很多年以前我還沒來中研

5　牟宗三，《佛性與般若・序》，上冊，頁3。

院，中研院文哲所邀請我過來做一些演講，有關佛教教理方面的演講。講完後，當時劉述先先生也在座，他就問我，你對佛教的了解跟牟宗三的了解，有沒有不同或者有共同的地方呢。我就說，牟宗三講佛教，強調佛性這觀念，佛性作為一個主體方面的認知機能，對存在世界的了解，或者通過般若智來了解這存在世界為何。牟宗三很強調佛性。而我講天台宗以至整個印度佛教跟中國佛教，也是強調佛性這觀念，認為佛性是可以區分出印度佛教跟中國佛教。中間不同的地方，是印度佛教怎樣發展成為中國佛教，它的關鍵點就是對佛性這觀念的解讀、哲學的解讀問題。

王明翠：關於《佛性與般若》的結構，大致分三部，第一部與第二部之篇幅共一冊，第三部獨佔一冊。具體全書結構安排如下：

第一部是綱領，以「般若」與「佛性」兩個觀念詮釋佛教思想，其中依《大般若經》、《大智度論》、《中論》等講述般若之觀念，並依《大般涅槃經》（ *Mahāparinirvāṇa-sūtra* ）闡發「佛性」義。牟宗三認為中國佛教各宗派後來發展的理論系統，都是依此二觀念展開的。

第二部為前後期唯識學以及《起信論》與華嚴宗，主要述說在中國發展出來的「廣義的唯識學」，而廣義唯識學又有真心派與妄心派之分。此部分共分六章：第一章是《地論》與地論師，第二章是《攝論》與攝論師，第三章是真諦言阿摩羅識，第四章是《攝論》與《成唯識論》，第五章是《楞伽經》與《起信論》，第六章是《起信論》與華嚴宗。

第三部則專述天台宗之性具圓教，此部分又有二分，第一分

詮釋圓教義理之系統的陳述，第二分是天台宗之故事。

另外，《佛性與般若》中最後收有一個附錄，主要針對分別說與非分別說兩種立教方式作了專題性的研究。

吳汝鈞：你在這段提到《成唯識論》，這是一本非常難讀的書。當年，我還在中文大學念研究院的時候，曾聽過唐君毅先生的一些課程，他裏面講到一些哲學巨著。在了解上的艱難度來講，根據唐君毅的意見，他說在哲學界裏面，有四本書最難懂。第一本就是康德的《純粹理性批判》，第二本就是黑格爾的《大邏輯》，第三本就是懷德海的《歷程與真實》，第四本就是《成唯識論》（*Vijñaptimātratāsiddhi-śāstra*）。當時我已經讀過《純粹理性批判》，也讀過《成唯識論》，所以我聽起來，覺得他所講的這四本最難讀的書，我可以了解他的這種講法，可是是不是真的呢？在哲學界，是不是只有這四本書是最難讀呢？唐君毅所講的不是完全對，因為當時，他講哲學的時候，是 1969、1970年代，那時候西方的很多哲學巨著還沒受到注意。比如說像海德格所講的《存在與時間》，那時候我們沒有很注意這些著作。另外一本就是胡塞爾的《大觀念》，還有就是在詮釋學裏面，那個詮釋學大師 Gadamer 伽達默爾所寫的《真理與方法》，這些書其實也是非常難讀。另外，日本京都學派裏面，特別是西田幾多郎的那些著作也非常難讀。當年唐君毅提出這種說法，當然不是很全面，因為上面我提到的這些書還沒成為很流行的、大家都要注意的巨著。唐君毅當年提出這四本書是最難懂，我覺得在那時來說，也是事實，雖然後來我提上面的書出現，可能比唐先生提的還更難讀，那因為我們都沒有注意。唐君毅當時也沒有注意，在

他的年代，我提的這些書還不是很流行，所以他就沒有提這幾本書。

宋松山：老師，牟老師寫的書也比較有深度，就是一般初學者看這部《佛性與般若》也不容易。

吳汝鈞：對，牟宗三雖然只寫《佛性與般若》這一本書，可是他寫出來，內容非常有廣度，有深度，理論有他的嚴格性。在這方面，我們目前還找不到另外一本書能夠與《佛性與般若》相提並論。

許家瑞：老師，那可以請您順便說一下，現在臺灣的那些中文佛學研究，很多都是留美，都是接受西方歐美的一些文獻學訓練的成果的學者，在臺灣講述佛學，成為現在中文佛學的主流。那跟牟先生這樣一個學問的豐富度或者思想的深度上，這兩個怎麼去理解或消化？

吳汝鈞：這點可能很難講清楚。我們還是從《佛性與般若》這本書來講，因為裏面所談的問題，深度廣度都很夠，而且在概念上，在理論上也有他的嚴格性。在這幾點，《佛性與般若》目前我覺得還沒有佛學的書能夠跟它相提並論。當然牟宗三寫這本書的時候，他的哲學思考的功力已經非常深厚，你沒有這種功力，你寫不出這本書。如果拿現在的臺灣或者中港台中文學界裏面一些著作來講，講到佛學研究，如果你拿這個中港台跟在日本跟歐美那邊來比較的話，那我們還是處於一種很初步的做法，還是沒有辦法跟日本，跟歐美的那種佛學研究接軌，可以接上他們這種學術性的研究，特別是語文這方面。因為在佛學研究，你需

要具備很多不同語文的知識，特別是梵文。因為大乘佛教在印度基本上都是以梵文寫出來。然後到現在，很多梵文的原本已經找不到，只能找它的西藏文的翻譯或者漢文的翻譯來做一種補充。所以這也涉及語文學習的問題。就是你如果希望你的研究能夠跟日本，跟西方接軌，那語文的訓練是很基本的條件。目前我覺得在日本、歐美，在佛學研究界，大家好像已經有共識，就是你要研究佛學，你就非要有梵文這方面的知識。如果你沒有梵文這方面的知識，不能參考、運用梵文那些原典來做研究，你的研究很難說是第一線的研究。第一線的研究就是把梵文的基礎放在很重要的位置。就是學術研究很重視原典，那大部分那些大乘的著作都以梵文來寫，所以我們談到那個文獻經典的研究，如果有梵文原本流傳，大家都希望能夠從梵文的版本做研究。其他翻譯有用是有用，最後你要找到依據，能夠抓準，還是以梵文為主。比如說《心經》（*Prajñāpāramitāhṛdaya-sūtra*《般若波羅蜜多心經》）有梵文的文本，有六個漢譯，其中一個是鳩摩羅什的漢譯，一個是玄奘的漢譯。如果就《心經》的思想來講，你不用梵文的原典，只拿玄奘跟鳩摩羅什的翻譯來做依據的話，那在學術研究界裏面，只靠翻譯來了解，是很不夠的。比如《心經》裏面有「色即是空空即是色」句，是《心經》非常重要的講法。如果你了解《心經》，只拿玄奘或者鳩摩羅什的翻譯來做依據，是不行的，大家基本有一種看法：我們研究《心經》應該以梵文為主，不能單靠玄奘跟鳩摩羅什的翻譯。如果依據翻譯的話，那大家就跟你說你所根據的文獻只是翻譯而已，不是梵文原典的意思。當我們講《心經》的義理的時候，我們應以梵文經典來講，在這點上你才有發言的資格。如果你研究《心經》，不去碰梵文

的原典，只拿漢譯做依據，人家就會說你的研究是通過翻譯而來的，不是從原典來的。在這情況，如果光拿翻譯來了解的話，你根本沒有發言的資格。人家說《心經》是這麼講的，梵文原典是這樣講，你的講法只是根據漢譯而已，這是不可靠的。翻譯難免會有錯誤。所以原則上應該以原來的經文為主，翻譯只能說有一種補充、參考的價值，它不是最後的依據。玄奘或鳩摩羅什可能會在翻譯上出錯。你如果不能拿來跟梵文的原典比較，你就不知道有沒有錯誤。有錯誤你也說不出來。因為翻譯有出錯的可能。雖然玄奘跟鳩摩羅什是非常好的翻譯家，可是它畢竟是翻譯，不是原典。這個翻譯是從原典翻出來，如果翻譯出錯了，你也不知道。所以一切應該以梵文原典為主。這是做佛學研究非常困難的地方。以前我們念佛學的時候，在大陸、臺灣、香港，都沒有機會接觸到梵文，沒有機會學習梵文。你要學習梵文的話，最近的地方要到日本或者印度。

王明翠：《佛性與般若》從結構之安排看，大體是從佛教般若思想、中觀義理開始，再詮釋在中國發展出來的廣義唯識學（包括真心派與妄心派），最後講天台之性具圓教。值得注意的是在第二部中《攝大乘論》（*Mahāyāna-saṃgraha*）、《解深密經》（*Saṃdhinirmocana-sūtra*）所代表的唯識妄心派，和《起信論》、《楞伽經》（*Laṅkāvatāra-sūtra*）所表達的真心派（如來藏思想）。真心派以清淨的心性（如來藏）為中心，在中國最早出現的唯識派傳承，即地論師，與真心一派相近，主張心性（如來藏自性清淨心）本性清淨，但因外在的垢穢煩惱而染污，要透過修行斷除煩惱，使內心清淨。妄心派則以虛妄心為染淨的所

依，清淨法的無漏種子是附屬的，成佛的無漏種子要不斷受熏習，轉識成智，才能得到解脫。從廣義唯識學的角度看，真心派與妄心派在義理旨趣上是有差異的，但牟先生卻將此二派放在第二部中一起談。此外，上述已提到第一部及第二部之篇幅共一冊，第三部則獨佔一冊，而其文字分量亦佔全書的一半，從中可見牟先生對天台學之重視。總之，《佛性與般若》卷帙浩瀚，全部闡述絕不可能，這裏我們只能針對牟先生的一些具有關鍵性的哲學立場，跳躍地討論重點。以下先探究牟宗三先生對般若思想的論述。

吳汝鈞：牟宗三寫這本《佛性與般若》，基本上是拿《大藏經》裏面的材料來講。可是有一個問題，就是在佛教經典裏面有很多偽書。這本《大智度論》在傳統方面來講，是以龍樹（Nāgārjuna）作為作者，然後翻譯的人是鳩摩羅什（Kumārajīva）。現在依據日本跟歐美方面的研究，《大智度論》的作者是有問題的。很多人已經不把《大智度論》看成龍樹的作品了。我們中港台這邊，包括牟宗三，他們講到這問題，就不知道《大智度論》作者的問題，他們沒有搞清楚。所以你如果根據《大智度論》來講龍樹的哲學，就有這個問題。牟宗三講《大智度論》，還是以《大智度論》的作者是龍樹，跟《中論》一樣。他沒有注意這個問題，所以這點就會讓國際佛學研究界批評。書作者的問題還沒搞清楚，就以這書來講作者的思想，這個問題會很嚴重。比如說天台學有一本重要的文獻，就是《觀音玄義》，在日本，在歐美那邊，已經做過很多研究，說《觀音玄義》不能代表天台智者大師的思想。跟《大乘起信論》不能作為

馬鳴（Aśvaghoṣa）的著作一樣，都有作者的問題。在傳統方面，我們把《大乘起信論》視為是馬鳴的著作，可是馬鳴很早出現，在印度，釋迦牟尼下來，很快就發展到馬鳴。可是《大乘起信論》那本書的內涵，從深度廣度來講，在馬鳴的年代根本不能出現像《大乘起信論》那本書的成熟的程度。可是很多研究《大乘起信論》的學者還是認為是馬鳴寫的。馬鳴比龍樹還要早，在馬鳴那階段，佛教的思想根本沒有可能發展到《大乘起信論》所講的程度。所以就這些文獻學的依據，我們還是要注意。牟宗三寫這本《佛性與般若》，就把《大智度論》看成為龍樹的著作，跟《中論》相提並論。牟宗三沒注意到這問題，我們後來看日本、歐美那邊的研究，知道有這種情況。所以你如果根據《大智度論》來講龍樹的話，像牟宗三的講法，那問題可能會很嚴重。這點牟宗三自己不知道，問題就是這樣。

二、般若思想之重點討論

王明翠：《佛性與般若》第一部分從兩個路向展開。第一，討論般若思想，此部分主要依據《大般若經》、《大智度論》以及《中論》來講。另一方面，是依《涅槃經》闡述佛性思想。般若與佛性這兩個觀念可說是牟先生對佛教哲學的基本理解，也是《佛性與般若》的綱領。

（一）《大般若經》與《大智度論》

從《大般若經》與《大智度論》出發，牟宗三先生首先對般若學的角色功能進行初步定位。他說：

　　　般若部只是融通淘汰，盪相遣執，則是事實。此見般若經
　　之獨特性格。此一性格即是不分解地說法立教義，但只就
　　所已有之法而盪相遣執，皆歸實相。實相一相，所謂無
　　相，即是如相。即使佛、一切種智、涅槃，亦復如此。故
　　云色、色性空，識、識性空，乃至一切種智性空。如有一
　　法勝過涅槃，亦是如幻如化。此即示般若部無有任何系
　　統，無有任何教相。它不負系統教相之責任，它只負盪相
　　遣執之責任。它可提到系統教相，即其所就之法以明實相
　　者。但其本身不是系統教相，亦不足以決定某某是何系
　　統，是何教相。因此，它是共法。無論大小乘法，皆以般
　　若融通淘汰之，令歸實相。[6]

「盪相遣執」即指盪除、遣去所有妄想執著，也就是去除對事物
的具體相狀的執著。從《大般若經》的經文演義開始，牟先生說
「融通淘汰，盪相遣執」是《般若經》的獨特性格，又說般若部
無有任何系統。這裏有幾個重點可以進一步討論，首先，實相性
空，說性空也就是說佛、一切種智、涅槃，皆是此空義。此就其
存有論定位說，就其價值意識說，即是般若、是空性。牟先生在
引文中提到系統教相，指的是大乘佛教各宗派的系統差異之相，
不論任何宗派（像唯識、如來藏以及後面的華嚴宗、天台宗
等），這些宗派都有般若之性格，都有空性本體的意旨，有本體
論的哲學思維。因為般若是共法，僅有盪相遣執，雖說是共法，
但因般若無任何系統，故不需要負責任何系統教相之責任。

---

[6] 　牟宗三，《佛性與般若》，上冊，頁11。

吳汝鈞：牟宗三在這裏的講法是有些問題的。他用本體論、存有論來講佛教，這點就會有點問題。本體論、存有論基本上是西方哲學的重要概念。這些概念能不能用到佛教的思想上面，是有問題的。因為佛教是講性空，如果講性空，我們很難講所謂本體論、存有論。因為這本體論、存有論有一種預設，預設所有事物都有它的存有性，都是從本體流出來。可是這存有論、本體論是西方哲學的概念，能不能恰當用在佛教的義理上，就有這個問題。牟宗三不是性空立場，所以這本《佛性與般若》也有它的缺點。他的功力非常深厚，可是在一般的了解，他沒有注意現代佛學研究界這方面的發展。本體論、存有論是西方哲學的名相，能不能用到佛學裏面，是一種爭議的問題。還沒有定準。牟宗三沒有注意現代日本、歐美的佛學研究。他寫這本書，完全沒有提到日本、歐美這方面的研究，因為他不懂日文，不看別人用日文來寫的書。這就是他的局限。像我剛才說，《觀音玄義》這本書在日本、歐美學術界，大家都認為是偽書，有作者的問題，可是根據傳統的說法，這本書是智者大師寫的。可是現代佛學研究界認為不是。所以這問題，如果不注意日本、西方的研究，就不知道這個情況。

王明翠：接下來討論的重點，主要針對諍與無諍、分解與非分解的說法。

> 故欲得實相，必須用詭譎的遮詮以顯示。但佛不能不說法。如要說法，即須分解。一切大小乘法皆是依分解的方式而建立者，凡依分解方式說者皆有可諍處，因而亦皆是

> 可諍法。有可諍處，即有戲論性。佛亦不免於戲論性，蓋
> 佛不能無方便。戲論性是分解、諍處、方便之所必函。只
> 要知其為方便而不執實便可了。只有當由分解的方式轉為
> 般若經之異法門，即詭譎的遮詮方式，佛才真歸於無戲
> 論，因此，其所表達者方是真正的無諍法。[7]

牟先生認為般若學的實際運用是以一種「詭譎」的遮詮的方式進
行。遮詮這概念通用於佛教各宗派，與表詮相對稱。若表詮是從
正面對事理作敘述，那麼遮詮則是從反面說明事理，令事理之當
體清晰展現。在此書中，牟先生認為實相必須以詭譎的遮詮以顯
示之，他以詭譎的方式來談般若實相。牟先生文中強調，要談大
小乘各家宗派的系統，就是要分解，分解的結果導致有限限定
相、有可爭處，有可爭處則不免於有戲論。若有戲論性，當然不
是究竟圓滿的境界。那麼如何達到所謂圓滿的境界呢？根據牟先
生的說法，必須透過詭譎的遮詮方式進行，只有這樣才能免於分
解相，免於爭辯，免於戲論，達致真正的無諍法。

　　吳汝鈞：這裏可以補充一點。這裏特別提出詭譎的遮詮的方
式，這「詭譎」就是相當於辯證法。分解就是邏輯的。我們通常
了解一種說法、義理有兩種方式。一種是分解的，很清晰的，做
一些分解的方式，這是科學方法或者說一般邏輯的做法。這是我
們了解外在世界的一種方式，可是這不是全部的方式，有一些事
物不能只是通過分解的邏輯的方式來講。它裏面有一種辯證的意
味，所謂辯證就是矛盾，是針對邏輯來講。我們通常講邏輯，就

7　牟宗三，《佛性與般若》，上冊，頁15。

是不能容許有矛盾，這就是邏輯，這就是分析。可是有一些講法你不能單方面以這邏輯、分解來講。你就要用辯證法的方式來講。辯證法在我們一般的了解是相對反的。我們這裏可以舉個例子，像黑格爾講的那個辯證法，是有三個步驟，一個是正，一個是反，另外一個是合，這是黑格爾辯證法的途徑。正是正面的命題，反是負面的命題，最後把正反綜合起來叫做合。正反合，最後到那個合，便是真理。當然分析方式、邏輯方式，可以讓你把握到真理。我們了解真理，通常就是邏輯的真理，分解的這種真理。然後，另外一層真理，就是要通過辯證法來講，是經過一個歷程，從正、反，到正反相結合，最後有這個合。這是最後的了解。這裏可以做一些進一步的解析。我先講一個故事，有一個和尚研究佛法，有三十多年，在這三十多年裏面，尋找事物的表達所依據的方式。和尚跟徒弟這樣說：我認識這個山跟水有三個階段，才能把山水的真相領悟出來。第一階段是山是山，水是水。這是邏輯的方法。山當然是山，水當然也是水，這是分解的。第二個階段，他說山不是山，水不是水，是第二個步驟。山是山，水是水是正；山不是山，水不是水是反；最後到了第三階段，他說山畢竟還是山，水畢竟還是水，這就是一個辯證法的歷程。對於這種說法怎麼了解呢？我們可以這樣了解，就是說，第一階段山是山，水是水，是一種在常識層面的了解，一般人都能了解，是正這方面的了解。然後山不是山，水不是水是反方面的了解，是負面方面的了解。如果從佛教的角度來看，山是山，水是水，山是有執著的山，水是有執著的水。執著什麼？執著它是有自性。到第二階段山不是山，水不是水，是說山不是有自性的山，水也不是有自性的水，跟第一階段是矛盾的。最後第三階

段,把前面兩個階段的了解合起來,山仍然是山,水仍然是水。
第一階段山是山,水是水,是有執著的了解,以為山有它的自
性,水有它的自性,這是最初步的了解,是分解或者邏輯性的了
解。第二階段山不是山,水不是水,是說山不是有自性的山,水
不是有自性的水,跟第一階段相反,山水只不過是因緣加起來的
結果,沒有自性。到第三階段山仍是山,水仍是水,在這階段裏
面,就是有一種覺悟,了解到山雖然沒有自性,可是它還是山,
我們要對這個山不要執著它有自性,最後才是對山的一種最正
確、最完整的了解。所以它中間包括一個否定的作用,否定那個
自性。這是佛教所提出一種辯證法的了解。這種辯證法的了解在
牟宗三所用的字眼來講,就是所謂詭譎,詭譎就是矛盾,跟我們
一般的了解是相反的。所以了解這山水的真相,要通過三個階段
來了解。你這種了解才是正確的、圓滿的。這是針對詭譎的說
明。

王明翠:牟先生接著說明分解系統的缺點,並再次強調般若
思想之獨特性格。參考其言:

> 我們似可綜括說:凡依分解的方式而有所建立者,即有系
> 統性;有系統性即有限定相;有限定相即有可諍處。因
> 此,阿賴耶系統是可諍法,如來藏真心系統亦同樣是可諍
> 法。般若經不是分解的方式,無所建立,因而亦非一系
> 統。它根本無系統相,因此,它是無諍法。此種無諍法,
> 吾將名之曰觀法上的無諍。即是實相般若之無諍,亦即般

　　若作用的圓實，圓實故無諍。此是般若經之獨特性格。[8]

引文中牟先生提出諍與無諍的觀點。如前所述，只要透過分解的方式建立的宗派，皆有系統性，但此系統性是有限定相的，有限定相即有可諍之處。牟先生認為阿賴耶系統是透過分解而建立，它有系統，也是可諍法；如來藏真心也是透過分解而建立，同樣也是有系統性的，是可諍法。因是可諍法，所以都不是究竟圓滿的系統。般若不是透過分解而得，故無任何系統，因為無任何系統，所以是無諍的。值得註意的是，般若的此種無諍只是觀法上的無諍，它是實相般若的無諍，也是般若作用的圓實，這是針對本體工夫論而說的。談作用即是談工夫，談般若作用的圓實即是說般若智慧的工夫，因圓實故此工夫也必是無諍的。

吳汝鈞：這裏牟宗三說的有點曲折，不是完全平實。我們可以這樣了解，他裏面提出所謂無諍，無諍的諍指的是一種爭論。所謂無諍就是沒有需要爭辯的，一就是一，二就是二，他說般若思想講一切法都是空的。這是無諍法，不需要辯論。所謂無諍是不需要爭辯的。一切法都沒有自性，都是空。這是無諍法。至於阿賴耶（ālaya）這個系統或者如來藏（tathāgatagarbha）這個系統，阿賴耶跟如來藏是系統，般若是非系統，非系統就是無諍。就是說阿賴耶識跟如來藏心，有它的系統性。就是說阿賴耶識這個系統裏面或者在如來藏心這個系統裏面，你不能說一切法都是空，都是沒有自性。這個一切法都是空，都是沒有自性，是般若思想的說法，是無諍法，沒有辯論的必要。可是你講的一切法，

8　牟宗三，《佛性與般若》，上冊，頁16。

它的根源在阿賴耶識或者在如來藏心裏面，它就是你成立那個阿賴耶系統，成立這個如來藏系統，那就是有諍，不能說都是空、都是沒有自性。這裏你講的這一句「牟先生認為阿賴耶及如來藏心是有系統的」，系統是有爭議的，你說這個阿賴耶是諸法的根源，那別人說如來藏心才是諸法的根源，這是不同系統，不同的說法，在這裏面是有爭議的，不是邏輯的、分解的，而是辯證的。所以，辯證法是有它的那個正反面，有它的那個系統。我們說的一切法都是空，都沒有自性，這不是系統的說法，因為一切法都是這樣的一種不需要有爭論的講法。般若是無諍法，它不是系統的。此無諍法就不是系統。你說一切法就是阿賴耶那邊產生出來，或者是一切法都是從如來藏心發生出來的，這都是有系統的說法。這不是無諍法，不是說一切法皆空，一切法都沒有自性。所以它裏面是有諍法跟無諍法的不同。有諍法是這個有系統性的講法，不管你是說阿賴耶緣起或者如來藏緣起，都是系統的講法，都是有爭議的講法。如果說一切法都沒有自性，都是空的，這是分解的說法，不需要經過爭論就可以決定。這是無諍法。牟宗三在這裏講的有點彆扭，不夠清楚，所以我們做剛才的補充。

王明翠：牟先生接著又說：

> 但是吾人必須正視還有一個法華經開權顯實，發跡顯本的一乘即佛乘之圓實教，此亦是無諍法。此是通過「如來藏恆沙佛法佛性」一觀念而演至者，由天台宗盛發之。此無諍之圓實教不同於般若之作用的圓實之為無諍，即不同於

觀法上的無諍。這是通過「如來藏恆沙佛法佛性」一觀
念，由對於一切法即流轉與還滅的一切法做一根源的說明
而來者，這不屬於「實相般若」問題，乃是屬於「法之存
在」問題者。這一問題決定諸大小乘系統之不同，因此，
這是屬於教乘一系者。法華圓教既屬於這一系，何以又為
無諍？既是圓實，即當無諍。但既屬於教乘，而又是一系
統，似又不能無諍。其所以終為無諍者，即因它雖是一系
統，卻不是依分解的方式說，而是依一「詭譎門」而說，
即亦依詭譎的方式說。凡依分解方式說者即是權教，因而
是可諍。因此，系統有多端。既有多端，即是有限定的系
統。因此，是權教，是可諍法。[9]

這段引文的內容主要談法華圓教。牟先生以《法華經》開權顯實
及「如來藏恆沙佛法佛性」等觀念來證明，天台法華是「屬於教
乘一系者」，它有系統性，但卻不是透過分解而得的系統，它是
透過詭譎的方式進行，是圓實無諍法。開權顯實的意思是「開方
便門，示真實相」。其中，權者指權教，即權巧方便；實者指實
教，即指真實義。權教法不是究竟法，但可利用此權教法，讓眾
生起求解脫之堅固心，到達最圓滿的境界，因此說開除權教執著
方便以顯真實義，這叫做開顯，也是《法華經》的主旨。《法華
經》專談一佛乘之理，其〈方便品〉中曰：「十方佛土中，唯有
一乘法，無二亦無三，除佛方便說。」教乘一系者應指一乘法
（一佛乘），是成佛唯一的究竟歸宿。牟先生認為法華開權顯實

---

[9]　牟宗三，《佛性與般若》，上冊，頁 16。

是一乘法的圓實教，此法通過「如來藏恆沙佛法佛性」觀念演變
而來，由天台宗繼承發展，它是無諍的圓實，與般若之作用的圓
實不同。般若僅限於觀法上的無諍；法華是屬一乘即佛乘之教
乘，它是一系統，但不是分解的系統，而是透過詭譎的方式而得
的無諍系統。

　　牟先生多次強調只要透過分解而來的系統，都有限定相，都
是權教，有可諍之處，因此不是究竟法。阿賴耶、如來藏真心正
因為是透過分解的方式進行，所以都是權教、可諍法。參考其
言：

> 法華圓教既不依分解方式說，故雖是一系統，而卻是無限
> 定的系統，無另端交替的系統，因而它無系統相，它是遍
> 滿常圓之一體平鋪：低頭舉手無非佛道，因此，為圓實，
> 為無諍。分解說者中之一切蹺蹊相皆歸於平實，故為無
> 諍。依阿賴耶說明一切法，依如來藏真心說明一切法，此
> 皆是分解地說，故為權教，為可諍。「一念無明法性心」
> 即具十法界，這不是依分解的方式說，而是依詭譎的方式
> 說，故為圓教，為不可諍。這個無諍的圓實教既是屬於教
> 乘的，即屬於一乘即佛乘之教乘的，故它是就「諸法」之
> 法說的，不是就「諸法實相」之實相說的。[10]

法華圓教不依分解的方式進行，它是一系統但是無限定的系統，
也就是說它無系統相，因此是圓實無諍。「一念無明法性心」也

---

[10] 牟宗三，《佛性與般若》，上冊，頁 16-17。

不是依分解的方式進行，它是依詭譎的方式進行，因此也是圓實無諍。天台的說法是，這個無諍的圓實是諸法之法，即就諸法之存在而說，而不只是就諸法實相之實相說的，故屬於一乘即佛乘之教乘。牟先生繼續進一步分析法華圓教的觀點：

> 在實相般若中，實相是透徹了的。但是「諸法」之法是無限定的，是未圓滿起來的，是留在不決定的狀態中的，因此，顯實相般若，觀法上的無諍，是共法，而又不能決定教乘之大小。故必須引出「如來藏恆沙佛法佛性」一觀念，由之以決定教乘之大小以及圓不圓。凡隨「佛性」一觀念，不及於「如來藏恆沙佛法佛性」者為小乘，為通教；及於「如來藏恆沙佛法佛性」而卻是依分解的方式說者，則為別教（始別教與終別教）；依詭譎的方式說者，則為圓教。是則法華圓教之為圓實無諍，由天台宗以展示者，是就「諸法」之法說的，是將諸法之「諸」圓滿起來的，有圓滿的決定的。總之，它是「法之存在」方面之圓實無諍。因此，吾將名之曰存有論的圓實無諍，以與觀法上的無諍、般若之作用的圓實，區以別。[11]

般若學強調實相，欠缺存有論的基礎，它是共法，但只是觀法上的無諍，所以不能決定教乘之大小。要決定教乘之大小以及圓不圓的問題，就要談法之存在，而談佛性也是要談法之存在，所以必須引出「如來藏恆沙佛法佛性」一觀念。牟先生認為，由佛性

11　牟宗三，《佛性與般若》，上冊，頁 17。

發展出的系統，若未能進至「如來藏恆沙佛法佛性」說圓滿究竟者，為小乘，為通教；進至「如來藏恆沙佛法佛性」而依分解的方式說圓滿究竟者，則為別教（始別教與終別教）；只有依詭譎的方式說圓滿究竟者，才是真正的圓教。天台圓教是以詭譎的方式進行，它是就諸法之存在而說，不是就諸法之實相而說，因此它是存有論的圓實無諍，與般若觀法之無諍（本體論）及作用之圓實（工夫論）有所不同。

吳汝鈞：這段我覺得牟宗三說得不好。就是不是很清楚。主要就是牟宗三用存有論、本體論這些哲學的概念來講佛教，來講天台宗。我們看上面引文，他說顯實相般若，觀法上的無諍，它是共法，又不能決定教義的大小乘，所以他引出這個「如來藏恆沙佛法佛性」的觀念，這還是我剛才講的那個意味。就是從般若的性格來說，一切法都是沒有自性，都是空，這是般若思想的共法，沒有爭論，沒有可以反對的。它是沒有系統，所謂沒有系統就是共法，大家都遵守。不是說天台宗提出一種講法，華嚴宗提出另外一種講法，阿賴耶緣起提出一種講法，如來藏緣起又另外一種講法，這所有的講法都是有系統的，都不是共法。共法只有般若思想是共法，就是說一切法都沒有自性，都是空，這是沒有系統，沒有系統表示是共法。然後另外一種說法就是有系統的講法。說這個講法是阿賴耶緣起，這是一種系統性的講法，說一切法就是如來藏生起，這也是有系統的講法，華嚴宗這些教派所說的教理，都是有系統性的，所以它們是有爭論的，不是共法。只有般若思想才是共法。所謂般若思想是什麼？就是一切法都沒有自性，一切法都是空，這是我們憑自己的般若智慧所達到的情

況。所以你就是抓緊它是共法還是不是共法，它是沒有系統的還是有系統的。牟宗三在這裏，我覺得他整段都是講這個意思，可是他不善巧，講得不好。大概他自己也覺得有點混亂吧。所以一個哲學家，他講的東西，可以很深奧，很有魅力。可是講來講去，講不清楚。像唐君毅的那本《中國哲學原論》，裏面很多東西都是講不清楚，讓人覺得很難了解，其實他背後有一種智慧，表示有一種明覺，一種智慧，說出這種命題，可是他說得不好，他用了很多奇怪的、不是很恰當的名相來講。所以我們現在做這種了解就是不要跟著他那個脈絡走。他自己講那個脈絡也講得不是很清楚。如果我們用另外一個角度來看，就是把握了它的共法這觀念：就是般若思想是共法，一切法都是沒有自性，都是空。不管你是哪一個學派，它都要承認這個共法，這個共法是沒有系統的。所謂沒有系統就是他沒有特定的某一套講法，像阿賴耶、如來藏那種講法。我們這樣了解就夠了。

　　般若的重點在諸法的「實相」，在諸法的共同的真實不虛妄的性格，這性格便是無自性，是空。天台宗的重點在諸法的存在。這存在是在一乘圓教的脈絡中說的，對存在有所肯定。由對這存在的肯定而關連到存有論、存在論的立場。這肯定、注視不是佛教的本義，不是佛教的重點。所謂「如來藏恆沙佛法佛性」是就對存在的肯定而言。這存在（物）是無盡的，故說「恆沙佛法」。「恆沙」表示無盡、無限定之意。這不是佛教的重點。

　　王明翠：接下來，牟先生針對般若學與天台學之同異，提出一些想法，牟先生認為：

　　菩薩行般若波羅蜜時，一念具足萬行，布施具足一切，持
　　戒具足一切，其他皆然。此「一念具」即是「智具」，於
　　無相無得無作中具足一切，此仍是不捨不著之具。此「一
　　念具」顯然與天台宗一念無明法性心即具三千世間不同。
　　天台宗之「一念」是陰入心，煩惱心，故亦曰無明法性
　　心。此即所謂「性具」（詳解見天台宗章）。此是存有論
　　的圓具之說法。及其轉染成淨，亦可說是智具，此即與般
　　若經及空宗之旨趣相符順，然其底子不相同也。天台宗之
　　性具乃是順般若經及空宗之旨趣而進一步，由般若智之作
　　用的圓具，進而為一念無明法性心之存有論的圓具，故可
　　為一系統也。此種進一步底可能之關鍵乃在涅槃經之佛
　　性。必待顧及佛性之觀念，存有論的圓具始能成立，徒般
　　若經尚不能至此也。[12]

此文從「念具」與「智具」之同異說般若與天台之同異，牟先生
的意思是，般若思想中的「念具」即是「智具」，而天台宗的
「念具」即是「性具」，般若學是針對作用的圓實，即是針對工
夫論而說的；天台學則不同，天台是針對存有論而說，也就是存
有論的圓具。文中談「菩薩行般若波羅蜜時，一念具足萬行，布
施具足一切，持戒具足一切……」，菩薩行般若學之具足諸事，
這明顯是針對本體工夫論而說，正是佛教般若學進路的本體工夫
論。般若是共法，其思想貫通大乘佛教所有宗派，因此般若及天
台皆有智具作用。另，般若「一念具」與天台「一念無明法性

12　牟宗三，《佛性與般若》，上冊，頁82-83。

心」不同，說一念無明法性心即具三千世間是說念中即是說主體已備具三千世間一切萬法，這是性具，也就是存有論的性具。此性具與般若及空宗之旨趣相符，但其底子不相同。具體而言，天台性具乃是順《般若經》及空宗之旨趣進一步發展而來，由般若智之作用的圓具，進而發展為一念無明法性心之存有論的圓具，可說是一套圓教的系統。般若思想雖屬無諍，但非一系統，故不是究竟法。想要達到佛教哲學所謂圓滿的境界，根據牟先生的說法，一定要有一套無諍卻免於分解相的系統。他認為天台宗解決了法之存在的問題，透過佛性觀念，說明一切法存在之根源。般若思想因缺乏佛性，或者說，尚未發展至佛性觀念，未能解釋法之存在的問題，故般若之圓實亦只是作用上的圓實而已，無存有論的圓實。天台具有般若無諍詭譎圓實的優點，又沒有分解可諍之缺點，它是一套具有存有論的圓實無諍的系統，亦是最究竟圓滿的系統。

吳汝鈞：這段講的很不好。我們看引文：「菩薩行般若波羅蜜時，一念具足萬行，布施具足一切，持戒具足一切，其他皆然。此『一念具』即是『智具』」，因為我們講這個「念」，通常指煩惱的念頭，是染污的、有執著的「念」。「一念具」跟那個「智具」，「智」就是跟「念」剛好相反，「智」是一種明覺的，達到已經覺悟了這麼一種境界。這「一念具」完全是虛妄的那種「具」。因為它裏面所講的這個「念」，是煩惱心、是虛妄的。

宋松山：是最原初的「念」嗎？

吳汝鈞：也可以這樣說。「一念具」就是說我們原始的那種想法，就是充滿煩惱的那種念頭，這是妄念，這妄念怎麼能把它看成為「智具」？這裏怎麼能這樣講？他後面又講「一念無明法性心」，這更惹出其他問題。

許家瑞：老師，我看牟先生的原文，他其實是分兩個部分說。第一個是從菩薩的位階去談「菩薩行六度萬行」的這樣的一個實踐，所以這個菩薩因為具有聖或者說清淨的這種性格，所以它是菩薩的「一念」，是清淨的性格具足萬行。那牟先生另外要說的事情是，這個菩薩的「一念具」與天台宗的「一念無明法性心」這樣的性格不一樣。因為天台宗的一念心是「妄心」的概念，所以他區隔這兩個部分。

吳汝鈞：我們先看「天台宗之『一念』是陰入心，煩惱心，故亦曰無明法性心。」你說天台宗的「一念」是陰入心，煩惱心，這很容易了解，可是怎麼樣又引出這個「一念無明法性心」呢？除非你說這個「一念」本來就是陰入心，煩惱心，這是妄心、妄念，然後，它的背景就是「無明法性心」，就是說它這個心靈的種子就是包括無明跟法性，這是從原來的意思這樣講。你可以說這是存有論的講法，不是工夫論的講法。工夫論，就是你說的那個「無明法性心」，這個「心」同時含有無明的成分，也含有法性的成分。這是說你展示一種心念，但這種心念可以有無明的，也可以有法性的內容。就是看你當前的工夫是怎麼做。就是說你執著於無明，那你的這個「一念心」就是無明心，如果你不執著這個無明，那你就是法性心，這就是我們所說的「一念無明法性心」。如果從這點來講「一念無明法性心」，你就可以說

一念無明一念法性，在一念心裏面可以生出無明的結果，也可以引生出法性的結果。就是要看你怎麼做，你的工夫是怎麼進行。所以，一念無明法性心代表一種無明法性的可能性。一念可以是無明，也可以是法性，要看你怎麼樣做工夫。

　　然後他這裏所講的「一念」是陰入心，煩惱心，他是基本上是從我們的虛妄、無明心這點來講，就像他所講的「一念三千」這樣關聯起來。就是說「一念無明法性心」即具三千世間。就是說我們發起一個念頭，這個念頭裏面，不光是一個念頭，而是他所涵蓋的內容，是三千世間法。所謂三千世間法，多少千也無所謂，反正這都是指世間法。三千世間法。例如一念一念往這個虛妄這方面來想，那就是一念三千虛妄的世間法，那如果你的「一念心」能夠從妄念轉為清淨，轉為法性這種心態，那你所開出來的三千世間法全都是法性。主要是說你這個「一念」怎麼轉，當然是工夫論的問題。就是說「一念無明法性心」是個大原則，是說你發出「一念」，可以是無明的一念，可以是法性的一念。如果是無明的念頭，那三千世間法都是跟著你無明的念頭轉。「轉」就是說你心念的性格影響到三千世間法。如果你的一念所發出來不是妄念，而是淨念，那外面的三千世間法都是跟你一念的清淨來轉。就是說「一念心」可以發起虛妄的三千世間法，也可以發起清淨的三千世間法。所以這裏「一念無明法性心」，是一個大原則。你這個主體性的「一念心」是妄念還是淨念，要看你的這個心怎麼轉，這完全是工夫論的講法。「一念無明法性心」，就是說在你心念裏面，它包含有無明的內涵，也包含法性的內涵。如果這樣的話，這個無明跟法性是相對反的，無明是虛妄的，法性是清淨的。我們要怎麼樣克服這個無明法性心？這裏

主要就是工夫論的問題。

　　如果我們參考京都學派的講法，那就比較好了解。就是說你的這個無明的因素跟法性的因素都是包含在一念裏面。那我們怎麼樣去解決這麼一種背反？因為無明法性心就是一個背反、矛盾的主體的觀念。如果根據京都學派的講法，你不能以無明來克服法性，也不能以法性來克服無明。因為無明跟法性在存有論的存在可能性裏面，是均等的。比如我們心中有很多背反，生跟死的背反，理性跟非理性的背反，善跟惡是一個背反，存在與非存在是一個背反，愛跟恨也是一個背反……，我們可以把一念無明法性心一樣看成為像康德所說的二律背反（Antinomies）。那二律背反怎麼去解決呢？京都學派的講法就是這樣，是工夫論裏面的講法就是這樣。在背反的兩端，存在非存在，或者生跟死兩端，你怎麼樣去解決這個背反的問題？京都學派的講法就是一般人都希望把這個背反分成兩端，生跟死，存在非存在兩個背反，把兩個背反中間割掉，只要生，不要死，把死棄掉，留下這個生，這樣就是有生無死，這就是神仙啦。你如果把生死中間割掉，把死扔掉，只留下生這一面，這問題就解決了。可是京都學派提出的不是這樣，他們說因為這個生跟死在存在的幾率上是對等的，你不能以生來克服死，以存在克服非存在，不可以這樣。就是說你的工夫不能這樣做。那要怎麼做呢？要從生死，存在非存在這個背反裏面突破出來，超越上來，達致一種非生非死，非存在非非存在，那是一種超越的境界，超越了生死，超越存在非存在，超越這個背反以後，那你所達致的境界就是絕對。沒有生死的相對性，沒有存在非存在的相對性。他們是這樣了解。如果你要處理這個「一念無明法性心」的背反，在天台宗提出的那種解決的方

式，就是提出所謂「念具」，一念一念就具有無明與法性這兩方面的方向。如果你能夠一念向上，你所生起的那個念，就是一個淨念，它所包含的三千世間法，全都是由你發出來的淨念來轉，全部都成為清淨的三千法，全都是法性的。可是如果你的「一念」有偏差，淪為一種所謂的陰入心，煩惱心，那你這個「念具」全都是妄念。這只有工夫論裏面才能這樣說。京都學派所提那種超越、解決二律背反的方式是另外一種思路。這種思路好像在天台、華嚴裏面，我們都沒有明顯發現出來。

王明翠：接下來，牟先生針對空有兩宗在中國發展的脈絡進行討論：

> 又，「空宗」之名亦不恰。據說，龍樹弟子提婆自標空宗以與無著世親之有宗相對抗，因此在印度自始即有空有兩輪。傳至中國，仍沿其舊。空有對言，令人誤會空宗只講空，不能成就緣起法的有，而有宗似乎又只著重於法數之解釋而不能透徹於空慧。此顯然非是，大家亦知不如此。空宗顯然不只講空，且亦能成就緣起法的有（假名有）。「不壞假名而說諸法實相」豈止空而無有耶？有宗亦不能違背緣生無性，亦能透徹於我法二空，豈止專著重于法數之解釋耶？然空宗有宗兩名總無的解，只是順俗如此說，說及空宗，則說般若三論，說及有宗，則說法相唯識，而空之所以為空，有之所以為有，則無的解也，兩者之本質的差異亦無的解也。今作如此說：兩宗之本質的差異即在有宗是一系統，對於一切法有一起源的說明，所謂賴耶緣

> 起如來藏緣起是也；而空宗則非一系統，緣生法是現成的
> 所與，而不須予以存有論的說明，只需以般若智穿透之，
> 見諸法實相，即是佛。因此，空有兩名皆不恰。空宗只是
> 般若學，有宗只是唯識學，或真常心學。若說空，皆是
> 空：十八空之應用，有宗亦不能拒絕也。（辯中邊頌亦言
> 十六空）若說有，皆是有：不但有起源之說明之一切法是
> 有，「不壞假名」亦是有也。空有兩名不能決定宗派，系
> 統非系統始能決定宗派。如此判之，當較豁順。[13]

根據文中的闡述，牟先生把空有二宗在概念及本質上的差異進行討論，他認為空有二宗皆有「不恰」的理解。從概念角度而言，空有二宗沒有準確的說明。兩宗之名源自印度佛教，空宗始創宗者，是龍樹、提婆等人，以般若說空，與無著、世親等人以深密說有相拒。兩宗傳至中國後也一直順俗沿用，然空有相拒，讓人誤會空宗不能有緣起法，有宗不能有空觀。其實，空有二宗不能否定彼此，性空也含蘊緣起，而緣起也互融性空。從本質角度而言，空有二宗亦沒有準確的說明。牟先生認為兩宗本質的差異在於有宗是一系統，而空宗則非一系統。他的想法是：空有二宗不能決定宗派，要決定宗派，只在系統不系統的問題。有宗之所以是一系統，因為它對一切法有緣起的說明，它就是分解的唯識學或真常心學；空宗非系統，因為緣生法是現成的所與，它只需以般若智穿透之，見諸法實相，即是佛，不需有存有論的說明。總之，空有二宗是佛教哲學的兩大基本派別，也是關係密切的兩大

13　牟宗三，《佛性與般若》，上冊，頁83-84。

基本派別，兩者互相融攝，在義理上有其本質性和必然性。

吳汝鈞：這段應該比較好理解。這段說的「不壞假名而說諸法實相」，是從《大智度論》提出來的。「不壞假名而說諸法實相」，是說我們不要破壞這個假名，我們可以保留這個假名，我們以一種名相來形容世間法。就是說我們把這個世間法說成為一種假名。假名就是以一個名字來涵蓋世間法，所以我們可以保留這個假名，然後把世間法了解為實相。就是說我們保留這個世間法，就是假名所涵蓋的那個世間法，然後了解世間法的實相，這世間法的實相就是空，空就是世間法的實相。這空跟假名也沒有矛盾。我們不需要否定這假名來說世間法的實相。這就是說世間法的根本真理。這是《大智度論》裏面所提出來，很多空宗的文獻都有講到。他中間提到「說及空宗，則說般若三論，說及有宗，則說法相唯識，而空之所以為空，有之所以為有，則無的解也，兩者之本質的差異亦無的解也」。就是說，我們用「空」這個名相來講世間法，那就是般若思想；以「有」來講種種世間法，那就是唯識的文獻所講，這兩者應該可相通。然後「空之所以為空，有之所以為有，則無的解也，兩者之本質的差異亦無的解也」，這是什麼意思？什麼是「無的解」？

王明翠：「空之所以為空，有之所以為有，則無的解也，兩者之本質的差異亦無的解也，」意思是說，空之所以為空，有之所以為有，沒有準確的說明，空宗與有宗本質的差異也沒有準確的說明。空有二宗本質的差異因此也沒有準確的說明、解釋。

廖冠威：老師，會不會他在回應這引文的後面「空宗之名亦

不恰」這個問題。他認為這個議題可能可以再做個定義吧。我認為這裏他是想要把這兩個名相用一個方式去定義或者處理這個問題。

吳汝鈞：我們先注意什麼是「的解」。「的解」是不是正確的理解？

許家瑞：是恰當的意思。

王明翠：這裏「無的解」，即是沒有準確的說明、解釋。

吳汝鈞：好，我們先這樣理解。「空之所以為空，有之所以為有，則無的解也，兩者之本質的差異亦無的解也。」

許家瑞：老師，在牟先生的原文裏面，他有說到，空宗跟有宗兩宗的本質的差異是有宗是一個系統，對一切法有一個根源性的說明，像阿賴耶緣起、如來藏緣起這樣的系統。牟先生說空宗是共法，不是一個系統，所以他可能在這個地方認為既然是一個系統是一個說法，另外的說法就是共法，這兩個東西，一個是有諍法，一個是無諍法，把它放在一起就沒有正確恰當的講這兩者的內容。是不是可以這樣理解？

吳汝鈞：你剛才講的意思，我也講過了。就是有宗是一個系統，它不是共法，空宗不是系統，是共法。這個意思我們先搞清楚。

許家瑞：所以一個是有系統，一個是無系統，卻用空宗跟有宗這兩個名詞來涵蓋這樣的名稱上的一個說明是不恰當的解釋。

是不是可以這樣理解？

王明翠：牟先生後面有說到。他提出的結論就是「因此，空有兩名皆不恰。」也就是不恰當的意思。

吳汝鈞：他這裏提出一個問題我覺得蠻好的。就是系統跟不是系統的講法，如果是一個系統，那就是每個學派都有它的講法，都有它的那種系統描述。所以在這裏是有諍的，就是有諍論。說一切有部、有宗、華嚴、天台都有爭論。只有空宗不是一個系統，它是共法。共法就是說不管你是哪個宗派，只要你是釋迦牟尼的信徒，這個講法你不能違背。這是空宗的講法。

王明翠：老師，牟先生其實認為天台思想是無諍的。天台是有系統，是無諍的系統。

吳汝鈞：他哪裏講？

王明翠：他在這本書都有講到。

許家瑞：空宗跟有宗是印度佛教的系統，這裏面要先釐清的就是天台的系統意思。牟先生全部都混在一起了。

王明翠：牟先生是以天台思想去評判諸家。

許家瑞：對，就像判教的意思。

吳汝鈞：他就是這樣評判，說對諸法的根源，對諸法的生起，如果有一個根源性的說明，那就是一個系統，是有諍法。對於諸法存在的根源，沒有一個根源性的說明，那就不是系統的。

空宗是共法，這點很重要，它對諸法的存在性沒有提出根源性的說明，這就是共法。唯識宗不是這樣，阿賴耶識不是這樣，如來藏心也不是這樣。唯識學是講那個有，可是這個有是從緣起的脈絡講，是說一切諸法的存在都是通過緣起，就是有「識」的生起來說明。所以在這裏，他對諸法的存在，是有根源性的說明。空宗就不是這樣。

王明翠：上面引文也有提到。我確定牟先生認為天台是無諍的。

吳汝鈞：喔，我看到了。就是上面的引文，「存有論的圓實無諍，以與觀法上的無諍，般若之作用的圓實，區以別。」

王明翠：因為牟先生認為天台是無諍的，所以他才這麼推崇天台的思想。

吳汝鈞：可是他說共法是無諍的，天台不是共法，般若思想才是共法。共法思想才是無諍，是分解的。他基於什麼理據說天台是無諍？

王明翠：牟先生認為若要達致佛教所謂究竟圓滿的境界，一定要依非分解的方式進行。像如來藏、唯識，透過分解而得的系統，有可諍之處，故為可諍的系統，不是最究竟法。天台是依非分解而得的系統，所以是無諍的。

許家瑞：可不可以這樣理解，牟先生認可天台宗，第一，它消化般若的共法的精神。第二，因為牟先生在《佛性與般若》裏面提到的，就是說佛性這個事情還是有很重要的客體性，可是在

怎麼樣的情況下去談呢？因為談到佛性就是有諍法，所以他要先去處理第一個就是無諍的觀念，再來就是對佛性的詮釋在「不斷斷」或者「一念無明法性心」這樣的一個觀念去談對有諍的系統上的突破或者超越。像學妹引了一段文字：「般若是共法；系統之不同關鍵只在佛性一問題。系統而至無諍是在天台圓教。故天台圓教是般若之無諍與系統之無諍之融一。」裏面也有提到。

吳汝鈞：對，牟宗三這裏說「天台圓教是般若之無諍與系統之無諍之融一。徒般若之無諍不能決定系統之不同也。」這點我們剛才沒有注意到。他講天台圓教是無諍的，是有系統的。這應該怎麼了解？上面他說，「般若是共法；系統之不同關鍵只在佛性一問題。」那佛性問題是在哪些方面？就是你怎麼樣在佛性問題裏面涉及到有諍法跟無諍法的分別。

王明翠：牟先生一方面高舉天台，認為天台高於華嚴，另方面進一步說明天台之所以融貫空有二宗的道理。參考其言：

> 華嚴宗是承廣義的唯識學中之真常心系而建立起的「性起」系統。天台宗則是承般若實相學進一步通過「如來藏恆沙佛法佛性」一觀念，依據法華開權顯實發跡顯本，而建立起的「性具」系統。兩者同是系統，而建立底方式有異：前者是分解的，後者是詭譎的。因建立底方式不同，故性起性具之「性」字解釋亦異。性起之性是指如來藏自性清淨心說，所謂「偏指清淨真如」，「唯真心」也。性具之性是就「一念無明法性心」說：通過詭譎之方式，念具即是智具，無明具即是法性具。念具可以說緣起，智具

不可以說緣起，以智非生滅法故，非緣起法故。無明具可
以說緣起，以無明即一念心故。法性具不可以說緣起，以
法性是空如理，或中道實相理，非心法故，無所謂起不起
故，故只言「性具」，不言「性起」。一切法皆在「一念
無明法性心」處成立，所謂「一念三千」皆是本有，無一
可改。以從勝說，故言「性具」或「理具」。蓋「三千宛
然，即空假中」故。「法性無住，法性即無明」，即是一
切法。「無明無住，無明即法性」，即是無一法可得，然
而亦是「三千宛然，即空假中」。此為「圓談法性」，亦
仍是「不壞假名而說諸法實相」，然而卻是中道實相，即
圓實相。雖有承于般若實相學，然而與般若經及龍樹中論
所談者異也，以有存有論的圓具故。故性具為圓教，性起
為別教。而般若經與龍樹中論所談者則只是通教。[14]

性起、性具的問題是本段引文的重點。天台談性具，華嚴則講性
起，兩者雖然都是系統，但建立的方式不同。性起者，承於唯識
真常心系，且是透過分解而建立的系統。性具者，承於般若學且
進一步從「如來藏恆沙佛法佛性」開展，它是透過詭譎而建立的
系統。性起指從性而起之意，它是從佛果的角度，或者說從「果
位」之境界說明萬事萬物的現起。談性起則是談如來藏自性清淨
心，也就所謂的「清淨真如」、「唯真心」。性起與緣起略有不
同，緣起指從緣而起之意，緣起在無明緣起中，它是從眾生的角
度，或者說從「因位」之境界說明萬事萬物的現起。所以這裏要

---

[14]　牟宗三，《佛性與般若》，上冊，頁84。

注意的是：「性」本身不是緣起法，它只是伴隨緣起而起而已。

　　性具是從「一念心」而論，一念心即「一念無明法性心」，是透過詭譎的方式說明「無明」與「法性」兩者之間相融相即的關係，也就是說，無明即法性、法性即無明。根據牟先生的說法，天台學承般若智之智具，認為「念具即是智具，無明具即是法性具」。其中，念具可以說緣起，但智具不可以說緣起。為什麼呢？「智」本身不是緣起法，它不是生滅法所以不能說緣起。以此類推，無明具可以說緣起，法性具不可以說緣起，因為法性本身也不是緣起法。從內涵上看，「一念心」本具足無明（可以說緣起）與法性（不可以說緣起），具足念具（可以說緣起）與智具（不可以說緣起），或者說，念具與智具、無明與法性在「一念心」中相融相即。無明和法性本是相互矛盾的，然此兩者能在「一念心」中融合，可見此「一念心」是不可思議的，而這正也是天台理論中不可思議之處。

　　天台性具以「般若實相」和「一念三千」的理論為基礎，從性具說開展，牟先生建立了一套非常獨特的系統──天台式的存有論系統。誠如引文中所見，「一切法皆在『一念無明法性心』處成立」，「一念三千」即「一念無明法性心」具足三千諸法。透過詭譎的方式，「一念心」既是無明又是法性具，無明在執一念中具足三千諸法，此為緣起法而也涉及了存在，無明涉及存在故性具也涉及存在。牟先生藉此進一步推出「兩層存有論」的結構，引文中「法性無住，法性即無明」即「有執的存有論」；「無明無住，無明即法性」即「無執的存有論」。兩層存有論在一念之中，又與般若實相融合，成為詭譎的圓實的系統。

　　一切現象本具足三千諸法，有無明故有現象，在「一念心」

中有現象存在卻又要化掉現象的存在，因為「一念心」本具無明與法性，具足淨穢萬法，具足空、假、中三相，正所謂「三千宛然，即空假中」、「不壞假名而說諸法實相」。針對性具理論，這裏要強調的是：其一，有承於般若實相學，因持空、假、中三相；其二，具有存有論系統，因涉及存在，直顯無明緣起。天台學具般若實相與存有論之融合，具有存有論的圓具，所以是最圓滿的。

吳汝鈞：在這裏我們可以看「性起」跟「性具」兩個觀念。「性」在佛教裏面，有兩方面的意味。一方面是主體性，如來藏自性清淨心，另外，「性」是客觀的真理，如「空性」。這兩者我們做個比較。天台講「性具」，華嚴講「性起」，這個「性」通於主體跟客體。「性起」是一切法都有作為主體性的如來藏自性清淨心所引起，這種說法跟《大乘起信論》講眾生心有密切的關聯。華嚴宗是偏向《大乘起信論》的思考。這裏有文獻學的問題。就是說《大乘起信論》這本論典，從傳統說下來，是馬鳴所寫的，可是裏面的思想整個性格都非常完整。這種完整的思想在馬鳴的年代根本沒辦法產生出來，因為馬鳴年代比龍樹還要早，在馬鳴的階段，像《大乘起信論》那種成熟的思想應該不可能生出來。所謂「性起」就是說，作為我們主觀的清淨心跟客觀的真理，是合二為一。這個「性」生起諸法，生起的意味也不容易了解。因為我們通常講「生」有很多講法，像儒家講「生起」，是順著天命、天道、天理、良知這種種觀念發展出來，它是一種創生。就是天命、天道、天理、良知創生萬物。牟宗三比較喜歡講存有論、本體宇宙論，他認為儒家說種種事物的生起是依據這個

性體，透過本體宇宙論這方式創生出來。

　　這種創生義在佛教嚴格來講是沒有的。因為儒家講這種本體宇宙論的創生，核心觀念是創生的實體。這個實體跟婆羅門教所講的「梵」（Brahman），跟基督教所講的上帝，都是一種根源性的實體。不過儒家所講的創生跟基督教所講的上帝做人的講法不一樣。基督教所講的上帝是人格神，是一個大實體，以人格神的方式呈現。儒家所講的天命、天道、天理、良知，不是人格神，它是實體，跟基督教所講的人格神不一樣。基督教講上帝做人，他還是上帝，人還是人，分得很清楚，上帝是上帝，人是人，或者說萬物是萬物。儒家講的創生沒有這個特點，它的重點在天命、天道、天理、良知。天命、天道、天理、良知創生萬物，它便內在於萬物裏面，跟基督教講上帝做人，創造萬物不一樣。上帝創造萬物，可是上帝是上帝，萬物是萬物。萬物中沒有上帝。在這種意味下，創生有創生者，另外是被創生者，是主客兩方面。儒家不是這樣講，天命、天道、天理、良知透過本體宇宙論的方式創生萬物，它內在於萬物裏面。這種思考可區別東方和西方哲學所講的萬物的生起是不一樣，這點分得很清楚。華嚴所講的性起，就是以「性」作為根源，生起萬事萬物，這就是性起。華嚴所講的性起，是參考《大乘起信論》所講的眾生心。這眾生心是主體也是客體。我們通常說一心開二門，有兩個面向，一個是清淨的面向，另外一個是生滅的面向，是染污的。這兩個面向都從眾生心發展出來。所謂眾生心，就是以眾生作為基礎打開兩門路，一路是心真如門，另外一路是心生滅門。一切清淨的東西都從心真如門開出來，一切染污的東西都從心生滅門生出來。華嚴講性起不是儒家所講的那種創生，也不是基督教所講的

那種人格神的身份造人、造萬物。華嚴性起，就是講本性怎麼生起萬事萬物。因為華嚴宗不講實體，只有實體才能講創生。儒家的天命、天道、天理、良知都講實體，基督教也講實體，所以都是強調創生。華嚴宗所講性起，不是創生意味，是依於眾生心，特別是心真如門，乍現出一切法。這可以通到唯識學方面去。乍現是通過我們的心識或者阿賴耶識，以它為本，變現出萬事萬物。這裏萬物的生起就是乍現。乍現不是永久的，不是終極的層次。

然後「性具」，是強調一種本然性。就是說清淨的主體性不是生起萬事萬物，而是具足萬事萬物，是包容性，可以包容萬事萬物。性具這個「具」就是包容，不排斥，不放棄，把它留下，可是不是創生，這點非常重要。華嚴講性起，文獻的依據是《華嚴經》，天台的性具，經典根據是《法華經》。引文提到「一念無明法性心」是一種吊詭的語詞。一面是無明，一面是法性。無明跟法性合在一起，在一念裏面呈現，這是天台宗智者大師很重要的講法。無明跟法性綁在一起，在一念中呈現。一念無明法性心是矛盾意味，無明跟法性怎麼能放在一起呢，這在邏輯方面是完全不可能，是矛盾的，可他們不是從這邏輯來講。他們是從存在性的實踐這個脈絡下講。我們怎麼去處理這個二律背反？康德所講的二律背反，一般人都有這種想法，就是說我們是不是可以把這個背反切割開，一邊是無明，一邊是法性。我們把它分開，只要法性這面，不要無明那面，一般人都會這樣想。可是京都學派不是這樣想，就是我們不能把無明跟法性切開，然後取法性，不取無明。這樣不行。他們的解釋就是，這無明跟法性在存有論這方面是均等的。生跟死也是背反，一般人都有這趨向，把生跟

死切斷，切斷後我們只要生，不要死，那就是做神仙啊。這是不可能的，因為生跟死的存在機率是平等的，它們同樣擁有存在性，這是均等的。不能以生來克服死，只要生不要死，不能這樣。對於一念無明法性心的了解，也是一樣。那怎麼解決這種二律背反呢？他們就提出我們要從無明法性心或者生死的自我，在裏面突破出來。把生跟死壓下去，獨顯超越的絕對的主體性。就是把相對的層次壓下，讓主體性超越上來，這樣你就達到一種絕對的境界。

王明翠：我們看上面引文的最後幾句：「雖有承于般若實相學，然而與《般若經》及龍樹《中論》所談者異也，以有存有論的圓具故。故性具為圓教，性起為別教。而《般若經》與龍樹所談者則只是通教。」此段解釋牟先生為什麼認為天台性具在維度上高於華嚴性起。他強調天台是繼承般若實相學，可是又跟《般若經》以及龍樹所講的《中論》有不同的地方。不同的地方在於存有論的圓具。根據牟先生的說法，性具是圓教，性起是別教，而《般若經》和龍樹思想只是通教而已。

吳汝鈞：這跟唐君毅的講法相反。唐君毅認為華嚴性起是最高的。天台的境界不高，不過它範圍比較廣，讓很多眾生都可受益。牟先生為什麼認為性具最高？因為他把天台關連到一種存有論的思想方面去。存有論如果拿來講儒家就很好，因為儒家強調一切萬物、世間種種存在都由一個天道創生出來。天道創生萬事萬物，而成就一種存有論，這是哲學、形而上學的講法。因為牟宗三以存有論、本體宇宙論這套架構拿來講中國哲學。這套架構講先秦儒學、宋明儒學是可以的，特別是他那本《心體與性體》

講宋明儒學，後來加上《從陸象山到劉蕺山》，把整個宋明儒學通貫起來，然後把那套哲學關連到本體宇宙論、存有論這方面。這講儒家是可以的，因為儒家真的講天命、天道、天理、良知的實體，它有這種創生的作用，創生萬事萬物，讓萬事萬物作為一個存在而出現。可是拿來講佛學就有問題。他有一個非常明顯的說法，就是他很強調存在的世界有一個根源，從一個根源發生出來。可是這只能在儒家講，因為儒家是有講天命、天道、天理、良知，這些東西都是實體。《中庸》有幾句說：「天命之謂性，率性之謂道，修道之謂教」。你用這架構講《中庸》、《易傳》，講宋明儒學，可以。可是佛教就不可以。因為佛教並不強調天地萬物裏面有一個實體，能夠創生的實體。佛教不但不會提倡這種實體的講法，同時要把它拋掉，不讓實體這種存在留在我們的心裏，這點很重要。然後牟先生進一步說天台宗對於萬物的生起有一種根源性的說明。就是說萬物是由一個有根源性的東西生出。這個東西在儒家就是天命、天道、天理、良知，可是在佛教就沒有。這是一種執著，你如果執著有這麼一個大實體存在，就是邪見，是違背緣起性空的原理。在這裏，我個人不是很接受牟宗三這種講法。

王明翠：老師剛剛有提到，儒家很強調創生的作用，可是佛教裏面像華嚴、天台並不重視這種創生活動。所以若我們用存有論去講儒家是合理的，但拿這套理論講佛學就不合理。我閱讀《佛性與般若》這本書的時候，就看到牟先生一直都很強調存有論這方面。他認為最高境界應有這種存有論的意味。

吳汝鈞：對，牟宗三認為萬事萬物的生起要有一個根源性的

說明。這一點如果向佛教裏面找，有哪些講法提出萬事萬物的存在有一個根源性的說明？實質上就沒有，比較接近的就是唯識宗。

王明翠：唯識宗所講的識（vijñāna）或者種子（bīja）是否有創生的作用呢？

吳汝鈞：唯識宗所講的種子理論講萬物的存在是有幾種條件合成，而合成的焦點在種子。你可以以種子作為開端來講萬事萬物，講它們從種子產生出來。可是這個種子還是不行，它沒有這個根源性在裏面，因為種子是一種生滅法，說萬事萬物都由這個種子生起。可是種子六義有剎那滅、恆隨轉，這剎那滅、恆隨轉都是在說種子是一個生滅法。這個生滅法怎麼能夠生起種種事物呢？儒家的天命、天道、天理、良知，都是同一的超越的實體，它是有永恆性，可以不斷創生萬事萬物，它不是生滅法。《中庸》裏面講的「天命之為性」，陸象山講的本心，王陽明講的良知，都有超越性。牟宗三強調諸法的生起要有一個根源的說明，這種要求只能求之於儒家。

王明翠：所以這一點可以說是牟先生在《佛性與般若》中的嚴重的問題？

吳汝鈞：對，主要就是這點。這本書很厲害，可是也有不少缺點。因為牟先生寫這本書，是以中國哲學作為背景，以儒家哲學來講佛學。

許家瑞：我有一個問題，就順著老師剛才講性起系統的問

題，是根據《大乘起信論》一心開二門這樣的架構，那眾生心可以做阿賴耶識的憑依嗎？

吳汝鈞：就如《大乘起信論》所講的心真如門跟心生滅門。這個心生滅門可以對照唯識宗所講的阿賴耶識。阿賴耶識是染污的心識，是生滅法。心真如門是超越的真理，不是染污的性格。眾生心是個總體，它的發用有兩個方向，一個是真如門，一個是生滅門。真如門可以勉強相應無執的存有論，生滅門就是有執的存有論。不管是無執或是有執，在哲學上是必須處理的問題。牟宗三可能從這裏得到一些靈感，這是我的猜想。

許家瑞：心生滅門跟心真如門是有對等的性格？

吳汝鈞：對，只有天台才講一念無明法性心。無明是生滅法，法性是常住的真如法。

王明翠：以上是探討牟先生對般若學的說法，牟先生說般若是共法，以般若學為基礎，展開許多複雜輾轉的思路，又有無諍及有諍之分。無諍高於有諍，因此有天台之無諍高於一切系統的看法，藉此可見天台哲學在牟先生佛學思想中的崇高地位。下一節將討論關於牟先生對《中論》思想的觀點。

（二）中論之觀法與八不

《佛性與般若》第一部分之第一章是介紹《大智度論》與《大般若經》；第二章〈中論之觀法與八不〉則談論龍樹之《中論》。牟先生在此章中一共分為七大重點談論中觀思想，依次分述如下：

1. 綜說：

牟先生從十二緣生、三法印等佛陀所親說的思想，徹底說明「緣起性空」這一通則。牟先生認為「緣起性空」本身是分析語，非綜合語。從緣生即可分析出無自性的意思，因而是空的。相反的，從無自性或空亦可分析出緣生。為了進一步說明，他引《中論》的〈觀因緣品〉中第一頌之「八不緣起」——「不生亦不滅，不常亦不斷，不一亦不異，不來亦不去；能說是因緣，善滅諸戲論，我稽首禮佛，諸說中第一」，闡述《中論》「緣起無自性」之根本思想。「八不」是形容因緣生起的，不是如一般形容一個絕對實有如上帝之類的。「緣生無性」為分析語，則此八不也都是分析語，即皆為套套邏輯的必然。套套邏輯即tautology，即是重複，是必然的。「不生」是說沒有一個有自性的生法；「不滅」是說沒有一個有自性的滅法；「不常」是說沒有一個有自性的常法；「不斷」是說沒有一個有自性的斷法。「不一不異，不來不去」也是這樣。[15]

吳汝鈞：這裏牟宗三有提到分析語和綜合語兩個概念。

王明翠：對，牟先生後面也有提到這個問題，所以我把它放在此章後面的結語一起談論。牟先生說：「如果以『緣生』為大前題，就緣生之為緣生而不增不減，則由緣生即可分析地至那『緣起性空』一通則；而『緣起性空』一語本身亦是分析語：由緣生分析地即可知無自性，由無自性分析地即可知緣生。

15　牟宗三，《佛性與般若》，上冊，頁89-91。

故『緣生無性』非綜和語。」[16]此處是針對「緣起性空」的解釋，牟先生藉由西方哲學對分析語（analytic language）及綜合語（synthetic language）兩種命題的分類來解釋「緣起」與「性空」。從「緣生」概念可分析出「不增不減」，分析出「緣起性空」，分析出「無自性」，而「無自性」又可分析出「緣生」。換言之，這些概念是一致的，乃至於同等意義，從其一就可分析出其他。《中論》觀四諦品中：「眾因緣生法，我說即是空，亦為是假名，亦是中道義」，其中的「假名」、「中道」也可說與「緣生」、「空」等同義。從「緣生」、「緣起」等概念可分析出「空」、「無自性」等意義，意味著「緣起性空」是分析語。

吳汝鈞：我們在這裏可以提一下，牟宗三所提的兩種命題，一種是分析命題，一種是綜合命題。什麼是分析命題呢？就是你對某個語句做一種分析。通常一個命題有主詞，有謂詞。在一個命題裏面，如果謂詞的意思已經包括在主詞裏面，那我們可以從主詞把謂詞的意思分析出來，這就是分析命題。綜合命題就是說，謂詞是用來形容主詞，如果謂詞的意思沒有包括在主詞裏面，我們要看看實際的情況是怎麼樣。分析命題就是說它的謂詞已經包含在主詞裏面，比如說這枝紅筆，「紅筆是紅」的，這是分析命題還是綜合命題呢？

王明翠：是分析命題，因為紅筆已經包含「紅」的意思。

吳汝鈞：對，謂詞「紅」可以從主詞分析出來。像白筆是白的，大桌子是桌子……，這在邏輯上是完全合理，永遠都是這

---

[16] 牟宗三，《佛性與般若》，上冊，頁89。

樣。白筆永遠是白的，或者白筆是筆。這白和筆的性格都可以從主詞白筆分析出來。另外一種是綜合命題，是說謂詞的意思沒有包括在主詞裏面，這要看客觀的環境。比如現在我們都在中研院，然後我說：「今天四點，中研院有下雨。」這是分析命題還是綜合命題呢？

許家瑞：是綜合命題，因為我們在會議室裏面，無法感知外面是否有下雨。

吳汝鈞：你這樣了解也可以。就是說「在中研院今天四點有下雨」，我們要到外面看一看，看在四點中研院有沒有下雨。如果你說今天在中研院四點鐘有下雨，這要進行調查，看四點有沒有下雨。如果有下雨，則「今天四點，中研院有下雨」就是一個綜合命題。「緣起性空」也是一個命題，緣起本性就是空的，這個命題是分析命題還是綜合命題呢？

王明翠：牟先生認為緣起性空是分析語。對於這一點我想或許我們可以進一步討論，後面我有提出從緣起這個觀念是否可以說是綜合語。

吳汝鈞：好，那這點我們後面再做進一步的討論。

王明翠：接下來講第二大重點。

2. 引用〈觀因緣品〉說明「無生四句」——「諸法不自生，亦不從他生，不共不無因，是故知無生；如諸法自性，不在於緣中，以無自性故，他性亦復無」，再度闡釋《中論》「緣起性空」之思想與通則。無生四句是：諸法不自生，不他生，不共

生，亦不無因生。諸法之生起（自生、他生、共生、無因生）非由此四種方式生的，四句求生不可得，因此可知緣生如幻。如諸法有自性，則不在於緣中。在緣中，即知無自性。

吳汝鈞：我們這邊對「無生」這個問題做進一步的了解。我們一般看「生」或者「生起」，有四種情況：第一種是自生，意思是自己生自己。第二種是他生，意思是自己從其他東西生起。接下來是共生，自己與他者作為因素而生是共生。自生不可能，由他者而生亦不可能，兩者合起來而生也是不可能。另外一種就是無因生，無因生就是不需要原因就生出來。龍樹在這方面提出自生，他生，共生，無因生，然後說諸法不能自生，不能他生，不能共生，也不能無因生。基本上，這「生起」是在緣起的背景下被提出來。從實相、終極真理的角度來看，這四種「生」都不能成立。諸法不能從自己生起來，也不能從其他的東西生起來，也不能共生，也不能無因生。龍樹是從緣起性空的觀點來講生起的，所以這四生是不能成立的。至於這四生（自性、他生、共生、無因生）在義理上如何不可能，則是一個深微的問題，我這裏不能細說。其理據可參考拙著《龍樹中論的哲學解讀》，新店：臺灣商務印書館，2019，頁 16-26。

王明翠：牟先生認為「緣起性空」是遮詮，即遮撥自性。既無自性（性空），則當以何為性？正是以空為性，所以說空性或空理。此空性或空理，牟先生認為是抒義字，即抒緣生法之義，非實體字。若以空為本體或實體，則誤。牟先生引用《中論》〈觀行品〉第十三，繼續說明此義：「大聖說空法，為離諸見故。若復見有空，諸佛所不化」。大聖說空法，目的就是為了讓

眾生遠離種種偏見，是用來破除執著的。「諸見」，指一切與佛智不相應的知見，如邪知、邪見、外道見⋯⋯，為了破除這種種諸見，所以說空以破執。「若復見有空，諸佛所不化」，如果你執著於這個「空」理，認為有這個「空」，那就等於沒有契悟到佛所謂的真「空」的義理，這樣諸佛也沒辦法渡化。「若復見有空」即是把那個抒義的「空」字執實化，認為實有一東西或事物叫做「空」。「空」不是實體。執定世間有一東西或事物叫做「空」而進一步將此執著為一本體或實體，是大顛倒。因此，十八空中有「空空」。空空者即是空卻此執著，而還歸於空的抒義性格，還原諸法之如相無相，即實相。[17]

吳汝鈞：這裏提出遮詮跟表詮的概念。「詮」就是解釋，遮詮就是遮蔽，通過否定的方式來講一種義理。說諸法不自生，不他生，不共生，不無因生，這是遮詮：否定自生，否定他生，否定共生，也否定無因生。然後表詮是通過正面的方式來理解，不是否定，而是通過一種肯定的方式來講。牟宗三引用〈觀行品〉第十三這個偈頌，裏面「大聖說空法」的大聖就是指龍樹。

王明翠：大聖也可指釋迦牟尼佛。

吳汝鈞：對，是龍樹或者菩薩、佛祖、釋迦牟尼，也可以是其他如來（Tathāgata），例如藥師如來、阿彌陀佛。「大聖說空法，為離諸見故」，意思是龍樹或釋迦牟尼講很多義理，希望眾生不要有偏見，「諸見」就是一般的種種的偏見。諸法的本質就是緣起性空，一切事物都通過種種因素聚合在一起，這就是緣起

17　參閱牟宗三，《佛性與般若》，上冊，頁93。

（pratītyasamutpāda），這緣起表示不能說事物有一個不變的、固定的自性。緣起是排斥、否定那種自性的見解，所以他在這裏說「為離諸見故」，「離諸見」就是離開種種不正確的理解。不要以為外面的世界有個東西叫做「空」，「空」表示諸法沒有自性的意思。所以後面講「若復見有空，諸佛所不化」，就是說如果你執著世間外面有個東西叫「空」的實體，有個大實體，上帝也好，耶和華也好，阿拉也好，你如果有這種執見，以為有這種東西，這是錯誤的。然後這裏牟宗三提出抒義字，「抒義」就是表面上的解釋，就是抒發一下，不是真實的。牟宗三認為「若復見有空」，就是把那個抒義的「空」字執實化，執著這個「空」，以為外面世界有個東西叫「空」，這是錯誤的。你相信上帝、耶和華、阿拉，存在於這個世界，是一個大實體，不會消滅，永恆存在，你如果有這看法，那是邪見，全部都要否定。

賴彥章：老師，那釋迦牟尼也不是永恆存在嗎？

吳汝鈞：釋迦牟尼不是一個人格神。他本來還是一個眾生，因為他修道，把自己的那種存在的境界提高，提高到佛的境界。他是個歷史人物，不是一個人格神，像耶和華、阿拉一樣。

廖冠威：無量壽佛有永恆存在性嗎？

吳汝鈞：無量壽佛不是一個歷史人物，他跟彌勒一樣，只是在佛教的教義上存在。我們說他是無量，是無限的意思。無量壽就是說他的壽命是無量的，一直存在，不會死亡。這是佛教裏面的一種神話，因為無量壽佛不是一個歷史人物。歷史人物都有壽命，100 歲，120 歲，都有，這是有量的，無量就是超越這種限

制。

王明翠：老師，無量壽佛除了具有無量的意思，也指阿彌陀佛。我記得淨土宗很多經典如《阿彌陀經》、《無量壽經》等，都有記載關於無量壽佛或者阿彌陀佛的故事。

吳汝鈞：可能是有這麼一種說法，因為佛經基本上是佛教徒集合起來，把釋迦牟尼所講的內容放到裏面去。那阿彌陀佛跟無量壽佛，他們可能也放在裏面。所以大家都有一種趨向，把阿彌陀佛跟無量壽佛連結起來，再進一步等同起來。這個現象的世界只有釋迦牟尼作為教主，他是歷史人物，其他那些都是想像出來。我們暫時不用管這些。剛才我們講到的重點就是不要以為這個外面的世界有一個物體或者某種東西，它有實在性，它就是空性。不要相信這套，你如果這樣相信，「若復見有空，諸佛所不化」，諸佛也不會教你。你的邪見、迷癡的程度很深，諸佛都不會「教化」。

王明翠：是渡化的意思？

吳汝鈞：差不多，就是不能教化，不能轉化的意思。「空」不是一個東西，不是存在於我們外面世界某個角落，那個東西叫做「空」，那是邪見。然後下面你提到那個「空空」是什麼意思？

王明翠：這是指十八空裏面的空空，前面的那個「空」是執著的「空」。

吳汝鈞：對，這兩個空是不一樣的，對於那個執實為有自性

的這種「空」，我們還是要把它空掉。空空就是對於執著的這個空，還是要把它空掉。

王明翠：牟先生認為，此種徹底的普遍的「緣起性空」根本就是「體法空」：「即色性空，非色敗空」。事物的本性是空，不是事物敗壞之後才是空，前句是體法空，後句是析法空。析法空指分析、解構諸法而了悟空義，與體法空相對稱。體法空是不待分析、解構諸法而能直接體證空義。析法空是小乘之見，到大乘，則說體法空。然析法空也只是一時不徹底的方便說，若真遵守緣生這一原則，則必自能進至體法空。是故體法空是通一切大小乘之共法。

吳汝鈞：我們這裏要提一下析法空跟體法空。析法空基本上是小乘對「空」的觀念的了解方式。他們是透過析離諸法，我們的身體由很多東西構成，或者集合很多器官而成，析法空就是把你所組成的身體那些器官一個一個拿掉，到最後你這個人就不見了，完了，這就是析法。你了解這個「空」，把一個一個器官拿掉，到最後什麼都沒有，這就是析法空。又例如一部計程車，小乘的說法是，把整台計程車的零件，一件一件拿走，車蓋拿走，四輪拿走，車盤都拿走，最後什麼都沒有。小乘就是透過這種東西來說「空」，這就是析法空。然後大乘，尤其是般若思想、中觀學，都說體法空。「體」就是整體把這個對象接受過來，不要破壞所有部分，保留一切零件，而體證汽車是空。當體擁抱它，擁抱這個東西，了解它的性格，不要分析它，而證其當體是空。

王明翠：總之，析法空是透過分離諸法而進入空觀；體法空

則不需要析離諸法之後才進入空觀。我們可以在當下直接體認「因緣所生法，當體即空」。接下來講第三大重點。

　　3. 此部分主要討論二諦觀、三諦觀及空、假、中等概念。牟先生引用《中論》〈觀四諦品〉的偈頌：

> 眾因緣生法，我說即是空，亦為是假名，亦是中道義。
> 未曾有一法，不從因緣生，是故一切法，無不是空者。

這是鳩摩羅什的翻譯版，也是《中論》最有名的兩頌，前頌「眾因緣生法，我說即是空，亦為是假名，亦是中道義」根據牟先生的說法，在順通語句上似有兩種不同的詮釋進路：第一種是依《中論》思想本身，另一種為天台宗之講法。

　　先談依《中論》思想本身的詮釋。此偈頌是說空的，即「空亦復空」義，空亦是假名。牟先生引青目（Piṅgala）的譯文：「眾因緣生法，我說即是空。空亦復空。但為引導眾生，故以假名說。離有無二邊故，名為中道。」另，月稱（Candrakīrti）的釋言為：「即此空離二邊為中道。」根據這些譯文，此四句「眾因緣生法，我說即是空，亦為是假名，亦是中道義」有兩主語：前兩句以「因緣生法」為主語，後兩句以「空」為主語。眾因緣生法是空；空是假名，亦是中道義。前兩句就是「緣起性空」義，後兩句接著就說此性空之空不可執實，也因為它也是假名，所以它就是「中道義」的空。中道是就此空「離有無二邊」：離有邊，是說此空是抒義字，非實體字，若我們執著它為實體字，則是有見，常見，增益見；離無邊，是說此空是就緣生物性說

的，不是一聞說空，便認為什麼都沒有。若認為什麼都沒有，便成無見，斷見，減損見。此兩邊都是大邪見，離此兩邊，故是中道空。牟先生認為這種詮釋是梵文原文的本義，依據這種解釋，則「亦為是假名」中的「為」字是「因為」義，「為是」不是重疊字，「為」字也不可說成「謂」這個字。此空也因為是假名，所以它就是「中道義」的空。[18]因此，〈觀四諦品〉偈頌中的後面四句說：「未曾有一法，不從因緣生，是故一切法，無不是空者」，這裏「無不是空者」意思就是無不是這樣的中道空者。此中道空就是第一義諦，而俗諦則指無性的緣起幻有，即假名有的意思。

　　文章也引到《中論》〈觀四諦品〉之「二諦」偈：「諸佛依二諦，為眾生說法，一以世俗諦，二第一義諦，若人不能知，分別於二諦，則於深佛法，不知真實義。若不依俗諦，不得第一義，不得第一義，則不得涅槃。汝謂我著空，而為我生過。汝今所說過，於空則無有。以有空義故，一切法得成。若無空義故，一切則不成。」你說我執著於空，認為我生種種過失，其實，「汝今所說」的一切過失，在無自性的緣起「空」中，根本是「無有」的。「以有空義故」，一切法皆得成就，若無空義，則一切法皆不成就。此偈頌表示《中論》仍是二諦論，雖有空假中三字，但「中道」是形容假名說的「空」的。依牟先生的推論，這因此所以是「緣起性空」一義之詮表上的邏輯因故關係，非客觀的實體生起上之存在的因果關係。

　　另外，天台宗的詮釋，牟先生亦從此兩頌：「眾因緣生法，

18　參閱牟宗三，《佛性與般若》，上冊，頁94-95。

我說即是空，亦為是假名，亦是中道義。未曾有一法，不從因緣生，是故一切法，無不是空者」，著重說明「空‧假名‧中道」之「三諦偈」。他認為前四句「眾因緣生法，我說即是空，亦為是假名，亦是中道義」要一氣讀，眾因緣生法，我說它就是空，同時它也就是假名有，同時它也就是中道義，也就是說，眾因緣生法是空、假名、中道。牟先生強調天台這種講法或許不合原文（梵文）語勢，但於義是無違的。「這樣講法，『亦為是假名』中的『為』字無特殊的意義，『為是』是重疊字；而且此句亦不是謂述『空』的，乃是謂述緣起法的，單就緣起法之幻有說假名；『空亦復空』是對於空之注解語，是多餘的，說可，不說亦可，縱使不說，亦不至於把空執實，執實為實體。」[19]故此，天台講的是三諦，即：空諦（真諦）、假諦（俗諦）、中道第一義諦（中諦），不像《中論》以二諦為本。具體而言，「眾因緣生法，我說即是空」是抒其無自性的空義，這是分解地單顯空義，為真諦。「亦為是假名」是分解地單就緣起幻有說假名法，為俗諦。真諦與俗諦合起來兩面相即，便是中道第一義諦。分解說的前二諦（真諦、俗諦）是方便，最後歸於一實諦，是圓融地說，即第三中道圓實諦。牟先生再次強調此講法於義無違，而與《中論》的二諦說也不相衝突。他說「這不過是把《中論》的中道空移為中諦而已。《中論》是就空一頭說中，因此成為中道空。而中道空就是空融即於緣起幻有也。三諦說是就分解說的空有兩面相融而說中，故中成為圓實諦，即第三諦。」[20]

19　牟宗三，《佛性與般若》，上冊，頁96。
20　牟宗三，《佛性與般若》，上冊，頁96。

吳汝鈞：這段很麻煩。他引這偈頌「眾因緣生法，我說即是空，亦為是假名，亦是中道義」是鳩摩羅什所翻譯的。我們看這個翻譯跟梵文原典做個比較：前面兩句是沒有錯，後面兩句就有錯。我們先解釋一下。「眾因緣生法，我說即是空」指因緣生法是空。這「法」（dharma）在佛教裏面有好幾個了解，一般是物體。另外，「法」是超越的世界，法界的法。這裏的「眾因緣生法」，這個「法」是講這個物體是眾因緣生的。「我說即是空」，這個東西是空的，它是因緣生的，它是因緣合起來，所以沒有自性，因為沒有自性，所以就是空的。這「眾因緣生法，我說即是空，亦為是假名，亦是中道義」是鳩摩羅什的翻譯，你在《大藏經》裏面可以找到。我們拿梵文本來對照一下，發現這個漢譯的偈頌，前面兩句跟梵文的解釋是一樣，可是後面兩句就很不同。他說「眾因緣生法，我說即是空」，這句主詞就是「眾因緣生法」，然後謂詞或者賓詞就是「我說即是空」。「眾因緣生法」是主詞，「空」是謂詞。下面「亦為是假名，亦是中道義」，因為前面已提到「眾因緣生法」，所以根據這個翻譯，我們很容易把「眾因緣生法」作為主詞，然後「空」，「假名」，「中道」都是謂詞。從文法這方面看，它就是表示這個意思，就是說因緣生法是空，也是假，也是中道。可是我們拿梵文原典來參考，它不是這個意思。說眾因緣生法是空，這個沒錯，後面它另一個意思是「空」亦是假名，「空」也是中道。所以後面兩句，它的主詞不是「因緣生法」，而是「空」。我們進一步了解，這個「空」也不過是假名，不要以為「空」是有一種真實相應的某個東西。「空」本來也是假名，什麼是假名呢？就是一個名字，暫時用那個名字而已。這裏他說「空」也不過是假名，所

以這個「空」是後面兩句的主詞。它的謂詞是「假名」，是「中道」。我們對照梵文的原文，能看出來，鳩摩羅什的翻譯前兩句是沒錯，後面兩句就錯了。錯在他把這個「眾因緣生法」也說為是假名，又把「眾因緣生法」視為中道。

宋松山：老師您在寫博士論文之前，這個見解已經出現了嗎？是老師創見的？

吳汝鈞：我個人沒有注意，我是有拿那個梵文的原典來對照，因為我有念過梵文。

宋松山：所以是老師創見的嗎？

吳汝鈞：應該是。後來有一大陸學者跟著我這樣說。可是他沒有標示這是我提出的意見，他說成為好像是他提出來的樣子，這是不應該的。還有一項更嚴重的：多年前我寫了一篇〈龍樹之論空假中〉的論文，投到法鼓山的《中華佛學學報》。內中對龍樹的這首偈頌作過梵文文獻學的分析。後來私立的文化大學的一個博士吸收了我的這分析，當作是他自己提出來的，寫了一篇批評中村元的文章，把這篇文章寄到中研院的文哲所，希望刊登在該所的《中國文哲研究集刊》（也可能是《中國文哲研究通訊》，我記得不很清楚了）。世事真是很巧：文哲所竟把這篇東西寄給我評審，我便把真相說出來。結果文哲所不接受這篇文字。後來我發現這篇東西竟出現在一家《佛學研究雜誌》中。

宋松山：那剛才明翠您說後面兩句以「空」為主詞，是牟老師裏面所提到的嗎？

王明翠：牟先生根據鳩摩羅什的翻譯本「眾因緣生法，我說即是空，亦為是假名，亦是中道義」來解釋《中論》之二諦觀及天台宗之三諦觀。依天台的講法，這翻譯本只有一個主詞為「眾因緣生法」；空、假名、中道是謂詞。眾因緣生法，它就是空，同時它也就是假名，同時它也就是中道義（意思就是眾因緣生法是空、假名、中道）。但，依《中論》思想本身，此翻譯本就有兩個主詞，前兩句以「因緣生法」為主詞：因緣生法是空；後面兩句就是以「空」為主詞：空是假名、中道義。《佛性與般若》中，牟先生是引用青目（Piṅgala）跟月稱（Candrakīrti）的翻譯本來解釋《中論》。像青目的翻譯本是：「眾因緣生法，我說即是空。空亦復空。但為引導眾生，故以假名說。離有無二邊故，名為中道。」牟先生有這樣的觀點，應該是參考青目的翻譯本。

吳汝鈞：牟宗三沒有錯，他沒有參考梵文本，他從《中論》的結語就有這樣的理解，空亦是假名，亦是中道。他說假名、中道都是「空」的謂詞，不是「因緣生法」的謂詞。這是他了不起的地方，他沒有參考梵文本就能了解到梵文原偈的意思。我自己是查梵文的原典，做一種比較，然後才發現出來。根據原典的說法，就是這個「空」也是假名，所以這個「空」就是中道。「空」是假名，這點我們可以理解，但說「空」是中道，這點就有點曲折。因為龍樹說那個「空」，是非有非無，這種非有非無是一種遮詮。通過遮詮，我們可以從「空」跟「有」或者相對的世界裏面做一種突破，超越上來，把空與無壓下去，往上面開拓一種絕對的境界。這種絕對的境界是非有非無。所以「空」是假名，我們不要把它看成為「有」，這是遮詮，是非有；另外方

面，我們也不能把它看成為跟這個「有」相對應的那個「無」，所以是非無，這是原典的意思：非有非無的中道。你要對《中論》有比較周延、深入的了解，才能有這種解釋。所以「空」是假名，「空」是中道。

要囉嗦一下，我們先講諸法，就是緣起法，它是空、是假名、是中道，這是鳩摩羅什的翻譯，可是我們看梵文的偈頌，發現梵文的原典跟鳩摩羅什的翻譯不完全一樣。前一半跟梵文版本相應，就是說「眾因緣生法，我說即是空」，以「眾因緣生法」作為主詞，「我說即是空」是謂詞。所以「眾因緣生法，我說即是空」很能夠表現中觀學的觀點，可是後面「亦為是假名，亦是中道義」，鳩摩羅什的翻譯把假名跟中道認定為謂詞，跟「空」一樣。在這偈頌中，緣起、空、假名、中道，這幾個佛教很重要的概念都可以在這偈頌看到。這就是龍樹《中論》的重要性的原因。

然後青目的解釋，是根據梵文的偈頌，就是這個空是假名，空是中道，所以青目提出：既然空是假名，那假名的意味比較輕，它只是一個假名，我們對空的了解，不能把它看成為一個實體，不要把它看成是在世界外面某個地方有一個空這東西。青目為了解決這個問題，不讓眾生墮進錯誤的理解，所以他提出「空亦復空」，因為空是假名，因為假名是暫時性的一種觀點，它不表示它本身有這個實體，它還是沒有自性的。這個空既然是假名，所以我們要把這個空也要空掉。所以這裏他說「空亦復空」，然後進一步提出空空。所以關鍵就在這裏，空也不過是假名，我們要把這個空那種有自性的意味拿走。在這一點上，他提出「有」，有跟空是一個相同層次但相對反的概念。如果空要空

掉,那跟空相對的那個「有」也要空掉,所以他就提出一個結論:空跟有都沒有實體,沒有自性,最後都要空掉。我們不能執著於空跟有,而要提出非空非有的講法。這個空有時候他們也說成「無」,所以空跟無在這脈絡上,都是一樣。所以這裏說非空非有,不用「空」這個字眼,而用無。所以空就是非無非有,或者非有非無,對有跟無同時否定掉。非有非無作為空的解釋,從這點講,它就是中道。中道就是在這脈絡提出來的。就是說空是沒有自性,中道是非有非無。中道表示對這有無兩個觀念所構成的相對的世界同時否定,不是有也不是無,是非有非無,這就是中道。把空說為非有非無,這就是中道。在這方面,中道對空來講,是補充空的意味。就是說,因緣生法是空,空是非有非無,這裏以非有非無來說中道。這中道跟空連起來,空是主詞,中道是謂詞,這個謂詞是非有非空。所以這裏,中道不是獨立於空,而成為另外一個觀念。提出這個中道,是用來補充空的意味。中道不是「因緣生法」的謂詞,而是空的謂詞,所以中道在這裏不是獨立於空的另外一個觀念,而是拿來補充對空的了解。這點很重要。

　　我們現在看天台智者大師的看法。他是透過鳩摩羅什的翻譯來了解中道。這個中道是空的一種補充的說法,它不能獨立於空以外。在龍樹來講,中道不是獨立於空,不是空還有另外一種獨立的觀念是中道,不是這樣。所以在這偈頌,龍樹提出二諦的說法,是說空跟假名是兩個不同層次的真理或諦。空是真諦、空諦,假名則是俗諦。龍樹在《中論》裏面只提出二諦的理論:空諦跟假諦,沒有中諦,中道只是拿來補充空的不足。可是天台宗智者大師把這偈頌誤解了,他意味因緣生法的謂詞是空是假是

中，所以他提出三諦：空諦、假諦、中諦。就是說天台的說法是三諦的系統，龍樹提出的是二諦系統。這裏天台誤解了龍樹《中論》的二諦系統而提出三諦系統。他是誤解了，龍樹《中論》只有二諦的系統，沒有三諦的說法。所以《中論》提出二諦，天台提出三諦。三諦本是一種錯誤的解釋，可他提出這三諦，又開出另外一個傳統，這可以說是天台智者大師對龍樹二諦說的一種創造性的詮釋。從二諦發展到三諦，當然有它的價值。我是根據文本來講，有文獻的依據。

最後我們返回牟宗三的講法，牟宗三不懂梵文，他不可能拿梵文原典來對照《中論》，他也是拿鳩摩羅什的翻譯本來了解龍樹的思想。可是他沒有受到鳩摩羅什翻譯的影響，說成為三諦的系統。牟宗三是從義理這方面作進一步的反省，認為中道是在空跟假名這兩個觀念解放出來而有的第三個觀念，就是中道。牟宗三是經過他個人的分析，提出《中論》還是二諦的系統，這點他很厲害。他沒有根據文獻方面來講，而是以他自己的思考跟反思，提出這種說法。所以我們不能說牟宗三只對宋明儒學有恰當的了解，而他對佛教，關聯到這二諦三諦的問題的時候，他能夠提出一種創造性的詮釋，這很了不起。連智者大師也看不出鳩摩羅什這翻譯是有問題，他不懂梵文，牟宗三也不懂梵文，可智者大師看不出來這其中問題的所在，而牟宗三看到了。所以我們如果要了解中觀學跟天台學的時候，一定要從這偈頌裏面下苦工才可以。

王明翠：接下來講第四大重點。

4. 接續上一部分的討論，牟先生說二諦與三諦。《中論》

提出二諦觀，天台提出三諦觀，二諦觀與三諦觀其實不是互相違背而是相涵攝的，也就是說「緣起性空」一義之所涵。就二諦說，便涵著二諦觀；就三諦說，便涵著三諦觀。諦是境，觀是智（般若智），無論二諦三諦，皆是通過般若智而說的。文中牟先生進一步說明，如天台宗說三觀是依據《菩薩瓔珞本業經》（卷上賢聖學觀品第三）：「三觀者，從假名入空，二諦觀；從空入假名，平等觀。是二觀方便道。因是二空觀，得入中道第一義諦觀；雙照二諦，心心寂滅，進入初地法流水中，名摩訶薩聖種性，無相法中行於中道而無二故」。引文中以此三觀配空假中之三諦，此與《般若經》之三智也相順應無違。因此，三智三觀與《中論》緣起性空之義理，既可說為二諦，也可說為三諦，這種說法是相順應而無違背。牟先生於此部分除了說明二諦、三諦相函，也進一步解釋說明真、俗二諦之內涵。[21]

吳汝鈞：引文這段中間有提到「摩訶」這個名相，摩訶是從梵文翻出來，梵文是 mahā，就是指大的意味。《摩訶止觀》是表示大的止觀，「止」就是我們修禪靜止的狀態，「觀」就是觀照，就是從靜止的狀態裏面出來，觀照這個世界，通過它的那種禪定來修道。

王明翠：接下來繼續講《中論》具體的應用。

5. 就《中論》「以有空義故，一切法得成；若無空義者，一切則不成」一偈頌，另外又有「若一切皆空，無生亦無滅，如是則無有，四聖諦之法。以無四諦故，見苦與斷集，證滅及修

21　牟宗三，《佛性與般若》，上冊，頁 97。

道，如是事皆無。以是事無故，則無有四果。無有四果故，得向者亦無。若無八賢聖，則無有僧寶。以無四諦故，亦無有法寶。以無法僧寶，亦無有佛寶。如是說空者，是則破三寶。空法壞因果，亦壞於罪福。亦復悉毀壞，一切世俗法。」和「若一切不空，則無有生滅。如是則無有，四聖諦之法。若不從緣生，云何當有苦？無常是苦義，定性無無常」等偈頌，講解四諦、四向四果、三寶（佛寶、法寶、僧寶），及一切因果罪福等一切法。這些偈頌都出自《中論》的應用。牟先生說「緣起性空」是大乘佛教的共法、通義，我們可以就這些偈頌來看這共法、通義問題。「以有空義故，一切法得成」是關鍵語。我們所說的現象，都是由諸緣和合而得生，生而沒有自性，這「沒有自性」的性格，正是空。若一切法不是緣起，不是空，而是有自性，則作為可變化的種種法，現象的東西，便不可能了。故空義是一切變化無常的東西可以成立的義理上的依據。否則便不能說變化無常的一切法了。這正是「若無空義者，一切則不成」的意涵。

吳汝鈞：另外一偈頌提出「無常是苦義」，我們再回顧原始佛教的幾個根本的義理。我們之前講過原始佛教原來的那種說法，我們之前講過的三個面相。明翠，你有沒有印象？

王明翠：三個面相是「諸行無常，諸法無我，涅槃寂靜」。

吳汝鈞：另外還有一句「一切皆苦」，就是「諸行無常，一切皆苦」，有人後來把這句加上去，所以這裏講「無常是苦」就是代表一切皆苦。

王明翠：還有另外一句「有漏皆苦」。

吳汝鈞：對，就是「諸行無常，諸法無我，有漏皆苦，涅槃寂靜」。所以這裏提出這首偈頌也可以關聯到初期原始佛教這種說法。引文的這些偈頌我們也不用詳細做解釋。

王明翠：接下來講第六大重點。

6. 此節引〈觀如來品〉闡述「五種求」不可得。五種求包括：如來「非陰」；如來「非離陰」；如來不在五陰；五陰不在如來；如來不有陰。另外，以諸法本性空寂為原則，牟先生進一步引〈觀涅槃品〉說明「涅槃相」：從遮涅槃是「有」、遮涅槃是「無」，總結涅槃「非有非無」；接著再遮涅槃「亦有亦無」、遮涅槃「非有非無」，最後提出世間與出世間的結論：「涅槃與世間，無有少分別，世間與涅槃，亦無少分別；涅槃之實際，及與世間際，如是二際者，無毫釐差別。」總之，涅槃與世間，世間與涅槃，無有分別，世間與涅槃兩者的實際界限，都是平等的，無毫釐差別。

吳汝鈞：我們在這裏補充一下，他提出世間跟涅槃這兩個不同的境界。世間就是我們現象的世界。在這世間上一切東西都有生滅，都是無常。另外還有一個世界，就是涅槃的世界，在這個世界裏面，一切都有它的清淨性格。這該沒有苦，因為它本性是清淨的，從一切痛苦煩惱解放出來。可我們不要像小乘的說法，只是緊守在這涅槃的區域，不看外面眾生的那種苦惱的生活。就是說小乘的說法只注意涅槃那種清淨無污染的境界，而忽略了現前的眾生還是生活於種種苦痛煩惱裏面。這裏提出了他的講法，就是我們一方面要努力達到那種無生無滅的，一切都清淨的涅槃

世界，這是我們的目的。可是你達到那個境界後，還要繼續打拼，因為你一個人達到那種清淨無染的境界，沒有生死，也沒有苦惱，可在我們生活於其中的這個世界仍是無常無樂，受苦無盡的境域，眾生仍然是很慘。你既然已經達到清淨無染的境界，你還是要從清淨無染的境界落下來，注意眾生在這個世界裏面所受到的種種的苦痛煩惱。你不能一個人高高在上，得到涅槃的境界就算了，不能這樣，你要從那個境界落下來挽救眾生，不要捨棄他們。這裏他提出兩個概念：世間與涅槃。世間就是經驗的世界，有種種苦痛煩惱，另外是出世間，是涅槃的境界。你雖然達到涅槃的境界或者出世間的境界，可是你不能拋棄其他在這個世間裏面遭受種種苦痛煩惱的眾生。所以這裏一方面有世間，一方面有出世間，你要從出世間返到世間幫助眾生，讓他們也像你一樣，得到清淨的這種安樂的世界。所以這裏有兩個世間，一個是世間，另外一個是出世間，如果你能夠把這兩個世間包含在一起，你就產生另外一種世間，那是什麼？

王明翠：是世出世間？

吳汝鈞：對，一個是世間，一個是出世間，另外一個是世出世間。世出世間這名相常常在佛典中看到。我們要怎麼做呢？世出世間是世間跟出世間的總和，我們眾生生長在這個世間，我們努力從種種苦痛煩惱解放出來，達到出世間的境界。但我們不能孤芳獨享，還是要有慈悲的心懷，要從這種清淨無污染的出世間裏面下落到世間，與世間的眾生共苦難，讓他們能夠從苦痛煩惱解放出來。那整個世間跟出世間聯合在一起，就有第三個境界，就是世出世間，這是大乘佛教的說法，它是講世出世間，跟小乘

不同，小乘是講出世間的。

王明翠：最後第七大重點是此章節的結語。

7. 牟先生透過天台哲學的判攝立場，對《中論》思想提出評判。此部分可歸納為四個重點：其一，沒有對一切法作根源性的說明；其二，缺乏「如來藏恆沙佛法佛性」的觀念；其三，只是邏輯意義，欠缺存有論的說明；其四，《中論》思想是有限定的大乘。牟先生說：

> 就中論所表現的而言，中論對於一切法無根源的說明一問題，因而它亦無「如來藏恆沙佛法佛性」一概念。般若經亦如此。該經只就現成的已有法數以般若蕩相遣執之妙用而通化之。它的通化當然不必限於已有的法數，它亦可通化及一切。但此「一切」是通泛的，沒有特殊的規定。即此通泛的一切，亦沒有對之作一窮源的說明。中論亦然，它只就一切緣生法而遮其自性，直證無生。它的「一切」亦是通泛的。即此通泛的一切，它亦無對之作一窮源的根源的說明。法之源源於緣生，這等於未說明。它的論點只著眼於絕對的徹底的「緣起性空」一義之完成。這「絕對的，徹底的」，是邏輯意義的，不是存有論意義的。它是對於小乘之「析法空」而為徹底的，絕對的。因為析法空是不徹底的方便說，未能依「緣生」一原則而徹底地貫徹下去，因而其言空是相對的。依「緣生」一原則而貫徹下去，便是所謂邏輯意義的絕對與徹底。般若經與中論都是絕對徹底的「體法空」，但這絕對徹底都是邏輯意義的，

　　不是存有論意義的，因俱無存有論的說明故。[22]

牟先生認為《中論》對一切法無根源的說明，也沒有「如來藏恆沙佛法佛性」之觀念，其論點就是從一切緣生法直證緣生無自性，而這亦只是佛教的通義。《般若經》也是如此，兩者皆無法對一切法之根源作一說明（即存有論的說明）。《中論》是站在《般若經》的立場，只著眼於「緣起性空」意義之完成，這是從邏輯分析而得，不是從存有論而得。《中論》和《般若經》都是絕對的徹底的「體法空」，對於小乘「析法空」而言雖說是徹底絕對，但這種徹底絕對也只是邏輯意義的絕對徹底而已，沒有存有論的說明。牟先生因此認為《般若經》和《中論》雖然都屬無諍，但其所展現的是「觀法上的無諍」，是般若作用的圓實，不是存有論的圓實，根據牟先生的說法，所謂真正的圓教，必須具有存有論意義的圓實無諍，能對一切法之根源作一說明，依據此言，般若學乃至中觀思想還是未達到最究竟圓滿的境界。

　　吳汝鈞：我們這裏做一些補充。牟宗三非常重視一種教理，這教理能夠對諸法的起源有根源性的說明。他認為般若思想跟中觀學在這方面都沒有對諸法的起源有根源性的說明。所以我們應該注意什麼是對諸法有根源性的說明？他說般若思想跟中觀學所強調的作用不是在存有論這方面，它的作用主要是蕩相遣執。所謂蕩相遣執是我們不要執著事物的相狀，這些相狀都沒有自性，所以不要執著於這種種事物的相貌。這蕩相遣執是對般若思想或中觀學來講，它沒有對諸法的存在、生起有一種根源性的說明。

22　牟宗三，《佛性與般若》，上冊，頁 112-113。

這是一點。我們再進一步看，般若思想跟中觀學在蕩相遣執這點是做的最好，可是牟宗三認為你講蕩相遣執還是不夠，特別是對諸法種種事物的來源要有根源性的說明。在他看起來，般若思想跟中觀學都沒有在這方面有合理的說明。在佛教裏，哪一教理能夠提出對諸法有根源性的說明呢？他認為天台宗在這方面做的最好，然後唯識學在這方面也提到。因為唯識宗的種子，緣起性空，認為種種事物都有它們的種子。在事物的層面表現這種子能夠開花結果。

宋松山：種子本身也是生滅法之一嗎？這種子也沒辦法做存有論的根源嗎？

吳汝鈞：它是對諸法有一個說明，因為諸法都從種子發展出來，它有一個說明，可是不是一種根源性的說明。牟宗三講根源性的說明，基本上是指向天台宗。因為天台宗比較強調對諸法要有一種合理的處理，強調一念三千、一心三觀、空假中三諦圓融。在這方面如一念三千的說法，就是說諸法的存在在我們一念裏面出現，在生起種種法中。他認為在這裏，天台宗對諸法是提供一種根源性的說明，這是他的了解。我們要注意，他的基本立場是儒家的創生觀念。儒家強調天命、天道、天理、良知，天命、天道、天理、良知是一種能創生萬事萬物的本體，他認為這些東西都是終極的實在。諸法要由這終極的實在產生出來。他提出根源性的說明，認為儒家的終極的真理能夠創生萬法，這是強調創生性。他認為天台宗在這方面對諸法有根源性的說明。其實佛教基本上是宗教，它的重點是教化眾生，讓眾生都能得到覺悟解脫，它對諸法生起這點沒有很大的興趣。天台宗沒有天命天道

天理良知這些觀念，所以很難說對諸法有根源性的說明。因為佛教，包括天台宗，都強調緣起性空，特別是性空，性空就是沒有一個超越的實在的東西，沒有一個實體的存在。我對牟宗三的這點是有點猶豫，不是完全的接受他這種說法。

賴彥章：那唯識宗的種子算是創生嗎？

吳汝鈞：應該不是創生，創生就是要有一個超越的實體的，就是形而上的實體，由它創生萬事萬物。儒家有，可是佛教沒有。牟宗三是站在儒家的立場講，他非常重視創生這一點，可是在佛教沒有創生這觀念。唯識學所講的種子可以說成是諸法在現象世界呈現出來的主要因素。可是種子本身是生滅法，它是經驗性格，不是超越性格，它不是天道天理天命良知那種能夠創生萬事萬物的形而上的實體。

王明翠：佛性或者如來藏呢？

吳汝鈞：佛性或者如來藏是種種事物的生起的原因。佛性或者如來藏不具有這種像儒家所講的創生的作用，這點非常重要。印度佛教不是很重視佛性、如來藏的思想，他們主要強調唯識宗跟般若思想，不太強調佛性、如來藏的觀念。佛性跟如來藏清淨心是到了中國佛學才特別發展出來的思想。天台、華嚴、禪，是中國佛教的主流，非常重視這種思想。可是講到底，佛性或者如來藏不是能夠創生萬事萬物的一種根源性的本體。它不能給萬事萬物的存在有一種根源性的說明。所謂根源性的說明，是就整個宇宙裏面有一個形而上的實體，它能夠創生萬事萬物，而又內在於萬物中，這是儒家的思想，不是佛教的思想。所以佛性也好，

如來藏也好，它不是像儒家所強調的那種形而上的實體，佛教沒有這種觀念。佛性、如來藏是強調我們主體這方面有一種覺悟的能力，這是工夫論的，不是存有論的。

王明翠：針對般若思想或者中觀學，緣起性空之所以沒有對諸法作根源性的說明，我們可不可以這樣理解：因為般若思想或緣起性空原是諸法的共法，萬事萬物都是緣起性空，它是佛教各宗派基本的教理，就像一加一等於二，我們也不用去多解釋或追源為什麼一加一等於二，因為它原本就是這樣。般若思想或緣起性空因為是共法，原本就是這樣，我們也不用追究它的根源。

吳汝鈞：對，一切事物本來就是緣起性空這性格。般若思想有這性格，唯識有這性格，華嚴、天台、禪，也是從這基本的觀點說起。這些宗派發展演化下來，就有不同的觀點，但它們都不能違背緣起性空這個觀點，都要遵守緣起性空這個說法。就是因為緣起，所以是性空，這些東西並沒有一個能夠創生它們的一種形而上的實體。

王明翠：牟先生說：「如果以『緣生』為大前題，就緣生之為緣生而不增不減，則由緣生即可分析地至那『緣起性空』一通則；而『緣起性空』一語本身亦是分析語：由緣生分析地即可知無自性，由無自性分析地即可知緣生。故『緣生無性』非綜和語。」[23]此處是針對「緣起性空」的解釋，牟先生藉由西方哲學的兩種命題——分析語（analytic language）和綜合語（synthetic language），來解釋「緣起」與「性空」，認為緣起性空是分析

<hr>

23　牟宗三，《佛性與般若》，上冊，頁89。

語，非綜合語。從「緣生」可分析出「緣起性空」，分析出「無自性」，而從「無自性」又可分析出「緣生」。換言之，這些概念是一致的，甚至是同等意義。我們說「緣起性空」、「性空緣起」、「緣起無自性」、「無自性緣起」都沒有問題。此部分前面已經講過了。不過，從「緣生」、「緣起」等概念可分析出「空」、「無自性」等意義，是否意味著從「緣起」分析出來的結果僅是分析語，而無綜合語的內涵？這可能也有再思考的空間。

牟先生認為「緣起性空」是分析語，從緣生概念可以分析到不增不減或者分析出緣起性空無自性。我們可以從緣起講性空，或從性空講緣起，因為這個概念已經包含在主詞裏面，所以牟先生認為這是分析語。我對這點是沒有異議的。

吳汝鈞：緣起性空有兩面：緣起跟性空，可是兩者的意義是一樣的，從不同的角度講，都通的。所以緣起性空是分析的命題。所謂分析的命題就是說謂詞的種種意義都可以在主詞中找到。從緣起我們找到性空這義理，從性空我們也找到緣起。

王明翠：對，所以這概念是一致的。這裏我只是想說，如果我們進一步去思考，譬如從「緣起」的觀念展開，我們可以講緣起性空或者性空緣起，它的確是分析語，這點沒問題，因為這概念已經包含在主詞裏面。可是如果針對法界緣起、如來藏緣起或者唯識緣起等這些觀念呢？我們說法界緣起是可以，但反過來講，例如緣起法界或緣起如來藏，緣起唯識……，這可能就不是分析語了。

吳汝鈞：我們常講分析命題，可以拿「緣起性空」來做一個代表例子，緣起一定是性空的，性空一定也是緣起的。所以緣起性空是一個分析的命題，不是綜合命題。佛教發展到天台、華嚴和禪，他們不光講緣起性空，他們提出法界緣起等觀念。像法界緣起是華嚴宗提出的觀念，它裏面就涉及一種工夫的活動。因為法界緣起是在一種特定的情況來講。佛教講緣起，不是只有緣起性空，這種緣起是最根本的。到了後期，佛教也提出另外幾種緣起：阿賴耶緣起，法界緣起，真常心緣起，如來藏緣起等，這是五種緣起的說法，基本上是從緣起性空起步，繼續發展，可是這些我們也不能夠多談。

王明翠：牟先生以天台圓教作為判攝諸家的依據，認為般若學無系統，亦無任何教相，只負責「蕩相遣執」的作用，它是共法，雖屬無諍，但也只是「觀法上的無諍」，是般若作用的圓實，不是存有論的圓實。般若中觀皆為絕對徹底的「體法空」。誠如前述已提到，它只著眼於絕對的、徹底的「緣起性空」意義之完成，而這種絕對的、徹底的「緣起性空」也只是邏輯意義的絕對徹底而已，沒有存有論的圓滿意義。

　　針對「緣起性空」是否僅是邏輯意義的？這點我們也可以再作思考。我們知道，緣起法是佛教的根本，世間萬事萬物的存在，都是眾因緣和合而生、眾因緣消解而滅，沒有常住不變的自體，皆是空性。一切諸法亦如此，隨因緣聚合而有，也隨因緣消失而散，緣生緣滅，皆為空無自性，所以「緣起性空」。根據牟先生的說法，緣起與性空，兩者不過是從抽象概念，或者說，從邏輯分析而來的結果。緣起即空、空即緣起，此兩種說法其實是

同一內容,緣起可以從性空邏輯推理而得,而性空亦可以從緣起邏輯推理而得。這點好像有點矛盾,緣起與性空作為佛教的基本教義,難道僅是邏輯意義而無法於現象世界實踐體證?再說,佛學不僅是一套哲學思想,它也有宗教的一面。中觀學最終的目的仍是要導向解脫,而導向解脫則不可忽略實踐、經驗、體證性的意涵。若從這個角度看,「緣起性空」未必只是抽象概念或邏輯判斷,而具有經驗觀察、實踐體證性的作用。

吳汝鈞:對,因為再怎麼講,佛教也是一種宗教。我們通常理解這宗教,基本上是能夠處理我們現象世界當前的問題。從原始佛教就講過三法印:諸行無常、諸法無我、涅槃寂靜。就是說我們當前生存的環境,都是無常的,都是苦的。我們種種活動都是由生老病死這些問題圍繞,我們人生的目的就是要從這些生死煩惱解放出來,超越輪迴,這是一種工夫,一種實踐活動。我們不能對事物有一種執著,執著它有實體,有自性。我們最終的目的是要覺悟。我們要明白這道理,才能講解脫的問題。這是很清楚的。

王明翠:《佛性與般若》以般若與佛性為綱領,般若是共法,大小乘皆可融通。至於佛性觀念,牟先生為何這麼重視它呢?參考其言:

> 「佛性」觀念之提出是在說明兩問題:一是成佛之所以可能之問題,一是成佛依何型態而成佛方是究竟之問題。若如中論所說,光只破除自性執之佛性,而只以因緣說明成佛之可能,此則太空泛而又無力。故必須就因緣義進而內

在地說成佛之所以可能之佛性，此則不可以自性執視。又，既因但自度不度他為小乘，則大乘必須度他，成佛必須以一切眾生得度為條件（為內容）。此則有待於悲願一觀念。悲願大，始能不捨眾生。又，若悲願雖大，而只限於界內，不能窮法之源，而透至於界外，則悲願之大，亦未能充其極。是以若充悲願之極，必須透至如來藏恆沙佛法佛性始可。是則成佛不只是籠統地不捨眾生，而且必須即九法界（六道眾生加聲聞緣覺菩薩為九界）而成佛。即，成佛必須依圓滿之型態而成佛。圓滿型態的佛是以具備著九法界法而決定，則是十界互具為圓滿型態（九法界加佛法界為十法界）。此圓滿型態即決定如來藏恆沙佛法佛性一觀念。[24]

根據文中的表現，佛性對成佛一問題具有至關重要的作用，它解決了兩大問題：成佛之可能與成佛之形態。《中論》僅破除自性執之佛性，透過因緣解說成佛之可能，這點太空泛且說服力不足，成佛不是靠外在的條件，而要從眾生本有的內在覺性來進行。牟先生因此以佛性觀念說明成佛之原理所在。佛性，又稱作如來藏，為佛之本性，或指成佛之種子（不是指種子六義的種子，而是指一般的原因），由於一切眾生皆有佛性，具有成佛的因性種子，故皆具有成佛的可能性。那麼成佛要依據何種形態呢？依大乘佛教的觀念，成佛者除了自渡，必須要渡他，使眾生皆可成佛。渡他的關鍵性在於大悲願力，悲願要大，才不捨棄眾

---

[24]　牟宗三，《佛性與般若》，上冊，頁 180-181。

生。不過也要注意，悲願雖大，教法若只限於界內（三界：欲界、色界、無色界），也不行。《中論》之教法因只限於三界，未能透至界外，對諸法的存在亦缺乏根源性的說明，因此無法使其發揮到極致。想要發揮到極致，根據牟先生的說法，只有透過「如來藏恆沙佛法佛性」才能做到。換言之，成佛必須依一圓滿的形態呈現，除了大悲願力，此圓滿的形態決定在於「如來藏恆沙佛法佛性」。只有這樣，成佛者才不捨棄眾生，從九法界（包括天、人、阿修羅、畜生、餓鬼、地獄等六道眾生，以及聲聞、緣覺、菩薩）進至十界（佛）而互具十界，成為圓實佛。此時之佛，即法身佛性。法身佛性具備恆沙佛法，就如眾生人人本具如來藏（佛性），而這個如來藏中藏著恆沙佛法一樣。「恆沙」是指沒有止境的無量數，牟先生認為此無量數不是一個邏輯意義、籠統含糊的無量，而是一個存有論的無量，它遍滿於存有論的一切處一切法。「此一切處一切法，由於對於一切法有一根源的說明，是存有論地圓滿地決定了的一切法，不只是如『諸法實相』那樣，諸法之『諸』（法之存在）是停在不決定的狀態中。法身佛性既是這樣的遍滿，即因此遍滿而說常。此常不只是如性常，不只是真如理常，而且是遍滿常，此即是十法界法一體平鋪之常，『是法住法位，世間相常住』之常，此即常無常相，不是如上帝、梵我那樣的常。」[25]牟先生特別強調存有論之圓滿，「因為佛性須具備著恆沙佛法，法身須遍滿常，這樣才是圓實佛，所以對於恆沙佛法須有一根源的說明。這樣的說明亦曰存有論的說明，即對於流轉還滅的恆沙佛法須有一存有論的圓滿決定。由於

25　參閱牟宗三，《佛性與般若》，上冊，頁181。

這種決定底緣故，所以才有教乘方面的系統多端，以及圓不圓底問題」。[26]

　　針對《中論》缺乏「如來藏恆沙佛法佛性」的觀念，牟先生在《佛性與般若》中指出《中論》說明釋迦佛本身個體生命亦只是假名，是一個分段身（即分段生死），《中論》以性空說法身，重於「無常」而不是「常」，故未能進至「如來藏恆沙佛法佛性」說圓滿常住法身。[27]天台的圓實無諍之所以不同於般若之作用的圓實無諍，是因為天台圓實是透過「如來藏恆沙佛法佛性」的觀念。此一觀念對於流轉與還滅的一切法作根源性的說明，說明它已涉及「法之存在」的問題，而「法之存在」的圓實無諍即是存有論的圓實無諍，與般若觀法上的圓實無諍完全不同。[28]《佛性與般若》認為「緣起性空」是通泛義，無法對一切法的存在作根源性的說明，亦沒有「如來藏恆沙佛法佛性」之概念，所以未能保證一定可以成佛。如前所述，成佛之關鍵在於是否能對一切法之存在作根源性的說明；而此關鍵性又在於是否能具備「如來藏恆沙佛法佛性」的觀念，以保證眾生皆可成佛的必然性與普遍性。若沒有「如來藏恆沙佛法佛性」作為「法之存在」的說明，即沒有存有論的基礎，那麼成佛也不是以最圓滿的形態呈顯。

　　牟先生於《佛性與般若》中獨尊天台，透過天台思想評比諸家，包括般若思想、中觀學在內。雖說可以從「如來藏恆沙佛法佛性」的觀點談究竟圓滿，但在強調此一觀念的同時，亦可注意

26　牟宗三，《佛性與般若》，上冊，頁 182。

27　牟宗三，《佛性與般若》，上冊，頁 113-114。

28　牟宗三，《佛性與般若》，上冊，頁 16-17。

現代學者專家對如來藏思想的反省，以及對天台判教之立場及相關的史實問題。不能否認，中國佛教受如來藏經論影響極為深遠，而關於近代如來藏思想的論諍（包含批評與維護的雙方）也很豐富。針對批評這一面，可見近現代日本學者如袴谷憲昭、松本史朗等人，他們針對如來藏思想直言「如來藏思想不是佛教」，或近代中國支那內學院的歐陽竟無、呂澂、王恩洋等人，他們對佛性觀念也有一定的批判。我們也知道，牟先生在《佛性與般若》中很強調如來藏恆沙佛法佛性或者佛性的觀念，針對批評這一方，他並沒有直接做出回應，僅在「序言」中略作表示：「內學院的態度，我自始即不喜。歐陽竟無先生說藏密、禪、淨、天台、華嚴，絕口不談；又說自台、賢宗興，佛法之光益晦。藏密、淨土，不談可以。天台、華嚴、禪，如何可不談？若謂人力有限，不能全談，則可。若有貶視，則不可。台、賢宗興，如何便使佛法之光益晦？而呂秋逸寫信給熊先生竟謂天台、華嚴、禪是俗學。此皆宗派作祟，不能見中國吸收佛教發展之全程矣。他們說這是力復印度原有之舊。然而佛之教義豈只停於印度原有之唯識宗耶？此亦是淺心狹誌之過也。」[29]根據牟先生的說法，藏密、淨土可以不談，但天台、華嚴、禪一定要掌握到，這樣才能全面了解中國佛教思想的發展脈絡。

吳汝鈞：這裏包括很多觀點，我稍微解釋一下。牟宗三說《中論》沒有如來藏恆沙佛法佛性，他提出如來藏恆沙佛法佛性這種講法，基本上是強調我們佛性或者如來藏是從主體性來看的。這些講法是比較專門的概念，我們也不用在這方面要求一種

---

[29] 牟宗三，《佛性與般若·序》，上冊，頁 6-7。

很徹底的解釋。我們只要了解佛性或者如來藏是無所不在，在於恆河的沙粒的無量數的事物中。佛性、如來藏這些觀念所概括的範圍是非常廣的。

宋松山：如來藏思想是不是在原始佛教已經有了？

王明翠：針對如來藏思想這一部分，其實我們可以在《阿含經》等原始佛教經典中找到一些端倪，這些經典裏面有涉及到如來藏自性清淨心，但只是部分涉及而已。後面等到如來藏思想發展到成熟的程度才有比較完整的系統。

宋松山：所以如來藏思想在原始佛教那時候還沒有成熟嗎？

王明翠：還沒有成熟？也可以這樣說。後面發展到有系統性的理論，如來藏思想那時候才算是比較成熟。

吳汝鈞：然後講到袴谷憲昭、松本史朗這兩人是現代的學者，他們認為佛教應該有批判的作用，特別是以原始佛教作為基礎來批判其他佛教宗派，像中國天台、華嚴、禪，認為他們的佛法不是正宗，他們認為只有原始佛教所講的四聖諦、三法印、十二因緣，這些才是正確的佛教。從印度佛教傳到中國，形成了天台、華嚴、禪，他們認為這些都不是真正的佛教。他們提出的說法，有些人同情，可是很多人都不承認，反對他們的講法，不相信天台、華嚴或禪是外道或者異端學說。我個人也是反對的。日本方面研究如來藏思想最有成就的學者高崎直道，也不接受他們的講法。我在自己的專書《佛教的當代判釋》中便以「佛性解構」來概括袴谷憲昭和松本史朗的批判佛教的說法。他們不單把

中國佛教的天台、華嚴、禪思想排斥於外，連日本佛教自己發展出來的本覺思想也不承認。

王明翠：《中論》可算是中觀學最重要的論典，也被稱為大乘佛教重要的理論著作，無論在印度佛教還是在中國佛教，都具有很大的影響力。牟先生認為《中論》思想是有限定的大乘，他在《佛性與般若》中指出，《中論》之義理雖說是屬「體法空」，但依大乘佛教的觀念，仍缺乏深廣無量的大悲願力，故不足以稱為大乘。再說《中論》之教法只限於界內，即只限於三界，而其所依之心識亦只限於第六識，與小乘法相通，未進至或未說至第七識與第八識，因此雖屬大乘，但僅是有限定的大乘。此種有限定的大乘，天台宗判之為通教，不是境界最高的圓教。就滅度而言，只滅度「分段身」（即分段生死），不及「變易身」（即變易生死之身）；就四種四諦而言，只能說「無生四諦」（通教），未能進至「無量四諦」（別教）[30]，乃是相對的、有特定範圍的，未能進至絕對的存有論意義的無量無邊，未能對諸法作根源性的說明，也未能追究至界外而達至圓滿之境界。[31]

吳汝鈞：這裏提到分段身，還有變易身或者變化身，無生四諦，無量四諦，這些都是比較專門的講法，我們現在暫時不談這

---

[30]　為天台智顗大師在《法華玄義》卷三所創出來的四種四諦，即生滅四諦、無生四諦、無量四諦與無作四諦。四種四諦的說法本出自北本《涅槃經‧聖行品》，智顗大師安立此四種四諦以配於化法四教，即藏、通、別、圓之天台教判。

[31]　牟宗三，《佛性與般若》，上冊，頁113。

些不同的講法。可是有一點比較重要,《佛性與般若》以天台教
法評判《中論》的空教,認為《中論》不是最高的圓教大乘。這
基本上是可以成立的。般若思想、中觀學都包括在空宗裏面,在
這裏面最重要的文獻就是《中論》,也是龍樹寫的一本非常重要
的大乘著作。另外可以提一下《大智度論》,這雖不能確定是龍
樹寫的,但它是印度早期中觀學派的一部重要文獻,則是確定
的。

　　王明翠:接下來是前後期唯識學以及《起信論》與華嚴宗之
重點討論。

三、前後期唯識學以及
起信論與華嚴宗之重點討論

　　《佛性與般若》之第二部前四章主要述說妄識系及真心系二
大派的思想。其中,《攝大乘論》乃至《解深密經》等經論所標
誌的是妄心系;《起信論》、《楞伽經》等文獻所代表的是真心
系。在論述各派思想中,牟先生一樣以天台的思想作為評判之依
據,透過天台哲學思想評比諸家。此部分內容非常豐富且複雜,
以下針對牟先生對虛妄唯識系統(妄心為主正聞熏習是客)與真
心如來藏系統(真心為主虛妄熏習是客)的論述略作討論。

　　首先,關於妄心系的論述,牟先生是依據兩層存有論(有執
的存有論與無執的存有論)進行價值判斷。《佛性與般若》在第
二部的第四章《攝論》與《成唯識論》中總結出以下關鍵重點:

《攝論》的一種七現與《成唯識論》的八識現行所成的這一「妄心為主正聞熏習是客」的賴耶緣起系統，從其以妄心（虛妄的異熟識）為主這一方面說，它積極地展示了「生死流轉」這一面；從其以正聞熏習為客這一方面說，它消極地說明了「涅槃還滅」這一面之經驗的可能。從其展示「生死流轉」一面說，依其中的遍計執性與染依他，它可含有一現象界的存有論，即執的存有論。此一存有論，我們處於今日可依康德的對於知性所作的超越的分解來補充之或積極完成之。所謂補充之，是說原有的賴耶緣起是不向這方面用心的，雖然它有可以引至這方面的因素，如「計執」這一普遍的底子以及「不相應行法」這一些獨特的概念便是。所謂積極完成之，是說只有依著康德的思路，我們始可把這「執的存有論」充分地作出來。假定賴耶緣起是一深度心理的分析。我們可在此深度心理分析的底據上凸出康德式的「知性之超越的分解」，以此來完成執的存有論，即對於經驗現象底存在性作一認識論的先驗決定。

可是在「涅槃還滅」方面，因為這一系統主張正聞熏習是客，即，是經驗的，這便使「涅槃還滅」無必然可能底超越根據。成佛底可能是靠著正聞熏習所熏得的種性（或種姓）；而得什麼種姓，這全無定準的，即使可得一成佛的種姓，亦是偶然的，不能保其必然，亦不能保一切眾生皆可得，因此，此一系統必主「三乘究竟」。這還是就經驗地可向「還滅」這一方向走而籠統地概略地如此說。若「還滅」只依靠於經驗的熏習，則是否能終於走向「還

滅」一路亦成問題。因為正聞熏習是靠「聞他言音」而
成，而聞到聞不到，這是全無定準的。就此而言，連三乘
究竟亦不可得而必。

在涅槃還滅中可有清淨依他底呈現，此即函有一「無執的
存有論」。但因為成佛無必然可能底超越根據，故此無執
的存有論亦不能積極地被建立。因為此無執的存有論是靠
一無限心之呈現才是可能的。而此一系統，因為「正聞熏
習是客」故，正不能有真常的無限心之呈現，因此，無執
的存有論不能徹底地被完成，亦不能超越地被證成。[32]

《攝論》與《成唯識論》所構成的妄心賴耶緣起系統，以妄心阿
賴耶為主，正聞熏習為客；從它以虛妄的異熟藏識為主這一面
說，此系統積極地展示了「生死流轉」一面，依其中的遍計執性
及染依他性就可以含有現象界的存有論，即執的存有論；不過從
它以正聞熏習為客這一面說，它消極地說明了「涅槃還滅」這一
面之可能，就其經驗現象論，成佛是沒有保證的，因沒有成佛的
超越依據，故此「無執的存有論」亦不能積極成功地建立。「無
執的存有論」是靠一「無限心之呈現」才是可能的，無限心指的
是如來藏自性清淨心，也就是真常心，牟先生認為此一概念是就
「如來藏恆沙佛法佛性」而說的。依天台宗之教法，若能達到
「如來藏恒沙佛法佛性」義，便能進入「無量四諦」，即「無量
法門」。而無量法門是靠無限心帶領的，若沒有無限心，則不能
積極地證成無量法門。既是「恆沙佛法佛性」，則佛性必具有無

量法門，也就是說佛性即無限心的意思。有了作為佛性的無限心，成佛則有了必然性的根據，能通達「一乘究竟」道，同時亦保證了「無執的存有論」之完成。無量四諦，是苦、集、滅、道四諦的無量相，它是無量滅諦、無量道諦，也是無量苦諦、無量集諦，而成佛必就無量數的苦集滅道而成佛。牟先生以有執的存有論與無執的存有論作為標準，評判阿賴耶虛妄唯識系統與天台哲學系統之高下，所推出的結論是：

> 以阿賴耶識為中心，執持「正聞熏習是客」者，不但不能證成無量滅、道，且亦不能證成無量苦、集。因為於阿賴耶識，我們只能說其無始以來就有，而不能積極地肯定它就是無限，抑是有限。我們不想肯定它有限（因為佛不能有限故），但是卻想肯定它無限。只有「如來藏恆沙佛法佛性」始能保住它的無限。如來藏自性清淨心，無論在迷在悟，俱有無量法門。而無量法門，無論在染在淨，在執與無執，俱是「恒沙佛法佛性」之所具。在染，成立執的存有論，現象界的存有論；在淨，成立無執的存有論，本體界（智思界）的存有論。執的存有論所涉及的現象竟是有限抑是無限，阿賴耶識自身不能決定，因此，執的存有論自身亦不能決定。這是靠恆沙佛法佛性才能決定的。[33]

總之，阿賴耶緣起系統不能證成無量四諦，雖向此趨而不能至。只有「如來藏恆沙佛法佛性」才能進至，且能保住其無限，證成

---

[33]　牟宗三，《佛性與般若》，上冊，頁 430-431。

無量法門。虛妄唯識系統雖說含有一執的存有論，不過它不能徹底的完成無執的存有論；天台佛教思想透過「如來藏恆沙佛法佛性」觀念，則能充分的圓成兩層存有論，在染這一面，能成立執的存有論，即現象界的存有論，在淨這一面，能成立無執的存有論，即本體界（智思界）的存有論。所以天台思想相較於阿賴耶妄心系統而言，顯然是十分優越的。

吳汝鈞：在這裏，我們很清楚看到基本上牟宗三了解佛教不同宗派，是以存有論作為標準。存有論有兩個層面，一個是有執，一個是無執。他認為唯識宗那種存有論是有執，天台宗所講的存有論是無執的。這裏有一個問題，就是說佛教各各宗派，像原始佛教、空宗、有宗、淨土宗、天台、華嚴、禪……，都有他們自己特別關心的問題，依他們的講法來看，是不是可以用存有論這套來看種種教派、教理，這其實是一個很大的問題。這裏牟宗三沒有交代清楚，我們為什麼要以存有論作為標準，判斷佛教不同教派的教理呢？有執也好，無執也好，我們評價或者分析佛教所有教派教理，是不是可以把它評分為兩個大類：一個是有執的存有論，另外一個是無執的存有論。為什麼有一種是有執的存有論？另一種是無執的存有論？這點最後還是回到存有論方面去。他是把存有論放在基本的框架裏面，然後用有執或者無執這兩個義理系統去分判。這是很大的問題，我個人是有點保留、猶豫。佛教最後的目的是覺悟，教人覺悟得到解脫，這基本的講法跟存有論沒有很直接的關聯。為什麼要依據存有論，然後又把它分成有執的存有論跟無執的存有論？

另外，我想對牟先生在上面的一段長文（不是後來所引的短

的那一段，而是比此更先引的更長的文字）作些補充。牟先生說
到《攝論》與《成唯識論》特別是後面的《成唯識論》所涉及的
阿賴耶緣起的問題，由於這後者不設清淨心或真常心作為成佛的
超越依據。眾生要求覺悟得解脫只能靠正聞熏習，即在現場聽到
已得覺悟解脫的人說法，接受他的熏習而得悟入真理。但這種機
會是偶然的，因而是經驗性格的（empirical），沒有必然的保
證。這是《成唯識論》或唯識說的嚴重缺點，因此《成唯識論》
提出「轉識成智」的說法。但這種活動沒有必然的保證，沒有超
越的清淨心或真常心作為基本的心靈能力。

　　在這裏，我特別想對牟先生說唯識學以阿賴耶識為中心，以
正聞熏習為客的說法不能保證成佛的必然性，作些補充。在一九
六九至一九七一年，我在香港中文大學哲學系就讀碩士學位時，
選了唯識學來寫碩士論文，論文的題目為〈唯識宗轉識成智理論
問題之研究〉，指導教授正是牟宗三與唐君毅二位先生。我提出
唯識學以藏於阿賴耶識中的無漏種子作為成佛的依據，和以正聞
熏習作為助力。但無漏種子是生滅法，是經驗性格，不是超越性
格；正聞熏習亦是經驗的，正聞是聽聞佛、菩薩在說法而受熏
習，這是可遇而不可求的。因此成佛無必然保證。要有保證，則
要依超越的佛性或如來藏心，而且不必靠外在的正聞熏習，自身
能自我熏習，這是真如熏習。

　　王明翠：牟宗三為什麼要以有執的存有論跟無執的存有論去
分類佛教各宗派？針對此一問題，我突然想起牟先生於 1975 年
出版《現象與物自身》這本書，此書內容有涉及到本體與現象的
存有論，深受康德哲學的影響。牟先生在《現象與物自身》中論

述物自身或者智的直覺這方面，提到現象的存有論。後來寫《佛性與般若》，他可能也依據前面已經發表過的觀點，以現象與存有論作為基礎，去觀察佛教各宗派的教理。

吳汝鈞：他可能把佛教各宗派的教理依據存有論作為基礎來判定，把它們放在適當的位置，然後把這種安排，在《現象與物自身》中展示出來。即是，佛教不同教理，有些強調現象，比如唯識或者有宗，另外一些教理強調物自身。

王明翠：關於真心如來藏系統（真心為主虛妄熏習是客）的論述。牟先生從《大乘起信論》一心開二門的義理架構，說明如來藏真心派亦可含有兩層存有論。如前所述，「無執的存有論」是靠「無限心之呈現」才能確定的，而此無限心指的是如來藏自性清淨心，也就是真常心，這即必須討論《楞伽經》及《起信論》之系統。《佛性與般若》第二部的第五章〈楞伽經與起信論〉中已說明，《起信論》是典型的「真心為主虛妄熏習是客」的系統。順著阿賴耶系統中無漏種子問題（正聞熏習是客），我們似乎必須要通過一超越的分解而肯定一超越的真心，而此真心不可以視為是種子。由此，真心為唯一的根源，在實踐中說明一切流轉法與還滅法之可能，即是說，一切法皆以此真心為依止；並說明成佛的真實可能之超越根據便是這真心。此一系統既是一系統，當然須通過分解方式來展示。此分解是一超越的分解，而不是如以阿賴耶為中心者之只為經驗的分解或心理學的分解。此一超越的分解而成的系統，名之曰「如來藏緣起」。超越的真心即「如來藏自性清淨心」。此如來藏自性清淨心是成佛的內在根據，不是依外在或者依靠正聞熏習的因素。

　　《起信論》中提出「一心開二門」的觀點：「顯示正義者，依一心法有二種門。云何為二？一者心真如門，二者心生滅門。是二種門皆各總攝一切法。此義云何？以是二門不相離故。」心真如門與心生滅門可說是「一心」之兩面，雖說一心開二門，但任一門皆可「各總攝一切法」。當「一心」顯現於真如之那一面，則無差別相，所呈現的是清淨之宇宙萬象，由此所攝即為清淨之一切法。當「一心」顯現於生滅之那一面，則有差別相，所呈現的是染污之宇宙萬象，由此所攝亦是染污之一切法。換言之，宇宙萬象可在「一心」中開「二門」，「心真如門」所攝的是清淨真如之境界，「心生滅門」所攝的為生滅現象之境界。「二門」皆可總攝一切法，但需要注意的是，一切法只因「一心」之門相之不同而顯現不同的境界，兩者並非能獨立存在，畢竟其為「一心」之兩面，故必是互相「不相離」的。心真如即是心生滅法的實相，並不是離開生滅法的空如性而別有另一心真如。所以二門不相離而皆各總攝一切法，則是圓融地說。[34]

　　那麼為何說真心如來藏系統也可建立兩層存有論呢？牟先生說：「一心開二門，二門總攝一切法即是存有論的具足也，依心生滅門，言執的存有論；依心真如門，言無執的存有論。」[35]若依心生滅門，則是說有執的存有論，若依心真如門，則是說無執的存有論。

吳汝鈞：這裏提出一心開二門，一邊是心真如門，另外一邊是心生滅門。然後心真如門所開出來的是無執的存有論，心生滅

34　牟宗三，《佛性與般若》，上冊，頁455。
35　牟宗三，《佛性與般若》，上冊，頁456。

門所開出來的是有執的存有論。他的一心開二門這種講法，基本上是參考《大乘起信論》所強調的所謂眾生心。由眾生心可以開出二門：心真如門與心生滅門。心真如門是講如來藏，心生滅門是講阿賴耶識。即是，心生滅門走向有執的存有論，心真如門走向無執的存有論。這點是有文獻的依據，所以沒問題。

　　王明翠：真心系統與天台系統同樣皆可含有兩層存有論，若要進行對比的話，如何分判二者佛學價值之深淺呢？針對此一問題，牟先生認為關鍵不是在於兩層存有論，而是要看兩者「是否打散佛法身孤懸性所顯之緊張相」。《大乘起信論》的如來藏自性清淨心理論，是從唯真心入路，則心顯孤懸性，而繼承《大乘起信論》這一理論而來的華嚴宗，亦呈孤懸性之法身。所謂「緣理斷九」，是斷九界後達到佛法身（佛界），也就是說，佛界與九界是分離的，其佛法身高懸於九界眾生的存在之上。華嚴宗以其義理支持點本在《起信論》真心系統，所以同為別教。由於是別教，故佛仍是權佛，既是權佛，則其「佛法身之孤懸性所顯的緊張相」仍未打散。想要「打散」，如牟先生所說，「若想將此孤懸性之緊張相打散，則必須進至於圓教：由『不即』，而進至於『即』，由『斷斷』而進至於『不斷斷』，此即是天台宗之所說。」[36]天台推出「不斷斷」之理，使佛自身能接引九界眾生，同時亦破除了佛法身孤懸之特性。《起信論》以及華嚴宗之義理架構因未能打散佛法身孤懸性所顯之緊張相，故此而讓位給天台圓教。

　　《佛性與般若》第二部的第六章〈起信論與華嚴宗〉中亦關

36　牟宗三，《佛性與般若》，上冊，頁478。

注天台宗與華嚴宗之異同。天台、華嚴兩宗都以本宗的圓教觀念著稱。天台宗智者大師把一代教法判為四教，即藏教、通教、別教、圓教。華嚴宗之判教理論由祖師賢首所立，自低而高分別判為小、始、終、頓、圓五教。其中「小」指小乘；「始」指大乘始教，包括中觀與唯識；「終」指大乘終教，以佛性或如來藏為基本依據，包括《大乘起信論》、《寶性論》（*Ratnagotravibhaga-śāstra*）等；「頓」指離言絕相之禪宗；「圓」則以《華嚴經》等作為核心義理。賢首大師將華嚴宗的圓教稱為「別教一乘圓教」。就圓教而言，華嚴宗的圓教是「寶塔型的圓教」，此「別教一乘圓教」是高居於小、始、終、頓四教之上。關於天台圓教，賢首大師名之為「同教一乘圓教」。「『同』者同於權教乃至六道眾生，即權以顯圓實，即九法界而成佛也。與此相比對，則知『別教一乘圓教』之『別』不但不共六道眾生，即一切逐機末教（權教）亦皆不共也。此即唯是一高塔頂之佛界也。」[37]賢首大師把天台智顗大師所判的圓教稱為「同教一乘圓教」，所謂「同教一乘圓教」中的「同」，是指同於權教以至六道眾生，這是即權教以顯圓教，即於九法界而成佛。所謂「別教一乘圓教」中的「別」，則是指別於六道，別於九法界之眾生，此「別」不僅不共六道眾生，而且亦不共一切逐機的末教（權教）。賢首大師視「同教一乘圓教」與「別教一乘圓教」皆為「一乘」（即佛乘），其高下之關鍵在於「同教」與「別教」之差異。別教一乘之教義不共他經，不共於三乘之教法；同教一乘之教義則連繫三乘，故此同教一乘不如別教一乘純精，也就是說，天台同教不能

---

[37] 牟宗三，《佛性與般若》，上冊，頁558。

勝過華嚴別教。這是賢首大師的說法。

　　牟先生的見解則不同，他認為真正的圓教只能有一，無二無三。《佛性與般若》中表示，天台宗的同教圓教是把那高居於塔頂上的佛法身之圓即於權教而為圓教，即於九法界眾生而為佛，此是真圓實教的圓佛。佛法身本是圓滿圓融無礙，但若只是高塔頂上之佛界，隔於九法界而為佛界，那麼此懸隔亦只是「權」，即本末不融亦是「權」。若已是「權」則不是「實」。想要達致「實」之境，必須將此「權」融化，這才是真正的圓實。[38]

　　針對華嚴天台兩宗圓教觀念之內在不同，牟先生進一步地說明：「蓋《華嚴》之妙與圓是有『隔權』之妙與圓，而《法華》之妙與圓則是無那『隔權』之妙與圓，焉得無別？有隔權者為『別教一乘圓教』，無隔權者為『同教一乘圓教』。此後者方是真圓實教。前者亦正是智者大師所評之別教為『曲徑紆迴，所因處拙』也。因為有隔而為佛，即是『所因處拙』也。此是鑑定圓不圓之本質的關鍵。此種鑑定是就『所因』處而為批判的鑑定。從就佛法身而為分析的鋪陳，以此為圓教，無助於真圓否之決定也。此亦示天台宗並不以佛果之圓為圓教也，要在看其所因處耳。」[39]從引文中可見牟先生非常重視隔不隔權的問題。他認為無隔權的「同教一乘圓教」是真圓教；有隔權的「別教一乘圓教」不是真圓教，如智者大師所判之為「曲徑紆迴，所因處拙」，正因「所因處拙」，故華嚴宗的佛界，不是圓滿的佛界。按照天台判教系統，有隔權的「別教一乘圓教」仍屬於別教，別

---

[38]　牟宗三，《佛性與般若》，上冊，頁 559。

[39]　牟宗三，《佛性與般若》，上冊，頁 560-561。

教之佛即別教之圓，此並非真圓實教。若想達致真圓實教之境，必須將這種隔權化掉，化掉之後，才是真正的圓教。華嚴宗與天台宗所講的圓不圓之本質，關鍵就在這裏。總之，兩種圓教觀念或者說兩種一乘具有不同的層次，牟先生著力區別華嚴、天台兩宗並以評比的方式證明天台才是真正的圓教，而這也是《佛性與般若》中一直強調的重心。

　　吳汝鈞：這裏牟宗三提到「同教一乘圓教」跟「別教一乘圓教」。天台宗是同教，華嚴宗是別教，最後做出總結：「同教一乘圓教」是比「別教一乘圓教」為高。這是牟宗三在《佛性與般若》中的說法。唐君毅對他這種說法，沒有批評，只是他也提出對這個圓教的看法。他們兩位在中國佛學同教跟別教有不同的看法。這裏你只是引牟宗三的觀點，沒有唐君毅的。

　　王明翠：我於下一節略談到這個問題。

　　吳汝鈞：好，那我們後面也可以作進一步的討論。

　　王明翠：接下來是關於天台宗的重點討論。

四、天台宗之重點討論

　　《佛性與般若》下冊共有兩分，專談天台教義理論：第一分為理論之建構，即圓教義理之系統的陳述；第二分從歷史發展脈絡展開，講天台宗之故事。此節主要針對第一分挑選重點論述。

　　依牟先生所判，真正的圓教在於天台。這表示天台宗的圓教系統之所以被認定為真正的圓教，與其他宗派而言，必另有其獨

特之問題與獨特之模式。天台以《法華經》為宗，對於天台宗的
法華圓教，牟先生稱作詭譎的圓實教。其義理系統的前提包括：

其一，原初的洞見——不斷斷。

其二，一念無明法性心——無住本。

其三，一切法趣空、趣色、趣非空非色。[40]

關於原初的洞見（即天台「即」的理論或不斷斷）之意旨，
《法華經》所要闡述的內容是佛意、佛之本懷、權、實、跡本等
問題，而處理這些問題的關鍵在於開權顯實、發跡顯本的原則。
根據牟先生的說法，《法華經》所說的不是第一序的佛教理論，
而是第二序的。[41]所謂第一序就是針對佛學基本問題做理論的建
構，由此開示、引導眾生。那麼第二序是什麼意思？第二序是指
在理論建構完成之後，不再談理論內容，而是去談理論的目的，
即佛意或佛之本懷。開權顯實、發跡顯本作為《法華經》處理問
題的方式，既開權以顯實，為了保證一切凡夫眾生終究皆可成
佛。也就是說，成佛必須不離此凡夫之任一行或小機之任一行，
此即「低頭舉手皆成佛道」。「低頭舉手皆成佛道」是智顗大師
所創闢的原初的洞見。「低頭舉手皆成佛道」中所隱含的就是
「即」（不離）一字。根據牟先生的說法：如果必須隔斷此凡夫
或小機之任一行，以為成佛必另有一套作法，則佛終究不得成，
若有所成，也不是圓佛，因為其「因」不圓，故「果」亦不圓。
成佛必即於（不離）凡夫、二乘、菩薩之任一行而成佛，擴大
之，必不離九法界（包括六道眾生、聲聞、緣覺、菩薩）之任一

---

[40]　牟宗三，《佛性與般若》，下冊，頁616。

[41]　牟宗三，《佛性與般若》，下冊，頁576。

法而成佛。[42]簡單講，佛道不離非道而成就，覺悟、解脫不是隔離種種如淫、怒、癡等邪念而覺悟、解脫，因為佛不離眾生而成佛，這就是所謂的「不斷斷」之義。

「不斷斷」亦名「不思議斷」或「圓斷」，是指：不客觀地斷除或隔離淫怒癡等非道之惡事而主觀地即得「解心無染」。[43]《佛性與般若》中表示，在「不斷斷」中，主觀的解心無染（或無染心）與客觀的存在，兩者不相妨礙，而是並存的。客觀的存在就是針對法理說，而相應此法理則是解心無染，故即有「不斷斷」。凡夫的生命（六道眾生、聲聞、緣覺、菩薩）全在無明中，因此其法界之法也全在染著中。只有佛界中的佛，其法界之法才全是清淨真如。佛雖有凡夫法，但他畢竟不是凡夫，而純然是佛。他既具有九法界法（連其自身即為十界互融而為佛），則他即是「不斷斷」。佛不離凡夫而為「不斷斷」，意思是說，佛在「不斷斷」中的凡夫法與凡夫之無明脫節，病除而法存，故成為佛法。[44]另外，「不斷斷」的洞見啟發出對一切法有根源性的說明，即存有論的說明之圓教。此一存有論的圓教在「不斷斷」之實踐中呈現，它因為依一義理之實而成立，故為一系統，此義理系統之實即「一念心」。

「一念心」是天台哲學思想中的一個重要名相。牟先生在《佛性與般若》中也十分關切此一概念。參考其言：

---

[42]　牟宗三，《佛性與般若》，下冊，頁 599。

[43]　牟宗三，《佛性與般若》，下冊，頁 600。

[44]　牟宗三，《佛性與般若》，下冊，頁 601。

此「一念心」亦曰「一念無明法性心」，亦曰「無住本」，亦曰「如來藏理」（六即中「理即」的如來藏，不是經過觀行後的如來藏）。此是相應那原初的洞見（不斷斷中的「即」）而來的存有論的圓具（圓具一切法之圓具）之「一念心」。它不是透過經驗的分解（心理學的分解）而建立的持種的阿賴耶識，雖然它與阿賴耶識同是無明妄心；它亦不是分解地說的八識中的第六意識，雖然統此八識皆可名曰一念心，亦可說開決了此八識而成為一念心。分為八識是阿賴耶系統，此是別教說（此當說為始別教，見下節。依華嚴宗，此為大乘始教。）而此「一念心」則是圓教說，故它既不可以被視為第八識，亦不可以被視為第六識。它是開決了八識，相應圓教融而為一說的。（圓教是就次第而不次第；開權顯實，非四味外別有醍醐，非三乘外別有一乘。）復次，它亦不是通過超越的分解而來的真常心。真常心之隨緣不變不變隨緣是如來藏真心系統，此亦是別教，而非圓教。它是消化了這真心之「但中」，就「不斷斷」之實踐中的存有論的圓具而說的煩惱心，故不偏指清淨真如理心以為「一念心」也，此不是一念靈知，「知之一字眾妙之門」，這靈知心也。是故若就此「一念心」而言如來藏，這如來藏即是無明陰妄心，是就迷就事而論，此即是「理即」之如來藏。「理即」者，意謂此「一念無明法性心」，就法理說，它原則上即是佛也。法理之理即空如實相之中道理而且是圓具的「不但中」之中道理。法理如此，即是理佛。就眾生言，

即是一理佛，即潛存的佛也。[45]

「一念心」即「一念無明法性心」（亦名「無住本」、「如來藏
理」），這是相應那原初的洞見（「不斷斷」中的「即」）而來
的存有論的圓具（圓具一切法之圓具）之「一念心」。根據文中
所述，「一念心」不同於阿賴耶妄心系統，因為它不是通過經驗
的分解（心理學的分解）而建立的持種的阿賴耶識，雖然兩者同
是無明妄心。「一念心」也不同於如來藏真心系統，因為它不是
通過超越的分解而來的真常心。文中已說明「一念心」是消化了
這真心之「但中」，就「不斷斷」之實踐中的存有論的圓具而說
的煩惱心，不偏指清淨真如理。換言之，「一念心」就是在「不
斷斷」之實踐中建立起存有論的圓教，而此一圓教系統之義理之
實，必須承認，完全無現成之論藏可據，它是天台智者大師獨見
創獲。

吳汝鈞：這裏提到「但中」，需說明一下。「但中」與「不
但中」對說。「中」是指「中道」。但中是指專注於中道，把空
與假排斥開來，不能「即空即假即中」。不但中指不把空與假分
離開來的中道，故能「即空即假即中」。這點非常重要。天台宗
批評通教（包含般若思想與中觀學），說他們所講的作為終極真
理的中道，是孤立的，不能涵具空與假，特別是假。假指九界眾
生。天台僧人諦觀（高麗人）在他的《天台四教儀》中說，中道
分兩種，一是但中，一是不但中。他把但中牽連到別教，不但中
則歸於圓教。智者大師也在其《法華玄義》中批評通教的中道不

45　牟宗三，《佛性與般若》，下冊，頁603-604。

具足功用，也不能包含諸法。因而不能以無方大用，去轉化眾
生。諸法作為真理的一部分，與中道區隔開來。智者大師又把作
為真理的中道，與作為求覺悟得解脫的最高主體性的佛性等同起
來，而提出「中道佛性」或「佛性中道」一複合觀念，作為他的
最後的真理觀。他認為別教與圓教都說中道佛性，但是修證中道
佛性卻是不同。別教經歷別次第，經歷劫修行，漸次地修行，才
能證取。圓教則可頓然證取，此事可當生辦妥，不必等待來生。
別教觀中道，只能觀中道，不能同時觀空與假二面，是但中。圓
教觀中道，則能同時觀空與假二面，故為不但中。

　　王明翠：說「一念心」具足一切法，就是說，「一念無明法
性心」具足十法界。《佛性與般若》表示：「一念心」不但只是
一念心，而且是即具一切法的一念心，此一念心相應開權顯實之
圓教，在「不斷斷」中，必須存有論地圓具一切法──三千世間
法，正所謂的「一念三千」。「一念三千」具足十法界法（每一
法界又各具十法界，是即成百法界）。而十法界中，除佛界外，
其他九界眾生皆有無明在內。就此皆有無明在內之九界而言，稱
作「不斷」（不離不除）；就開權顯實皆成妙法（佛法）而言，
稱作「斷」（解脫）。佛界與其他九界互融，即在「不斷斷」中
不離九界而成佛，因此雖說佛界有其他九界之煩惱相、惡業相與
苦道相，內心卻無「無明染執」。此境可以說是不思議境，故
「不斷斷」亦可稱為「不思議斷」或圓斷。[46]

　　如上所述，「一念無明法性心」亦可稱為「無住本」。「無
住本」是指「法性無住」與「無明無住」兩面而說。根據牟先生

---

[46]　牟宗三，《佛性與般若》，下冊，頁604-605。

的說法：法性無住處，法性即無明，無明無住處，無明即法性。
此種來回「相即」說明法性與無明非異體，而在「不斷斷」中相
即為一，即成「一念無明法性心」[47]。然「一念無明法性心」即
具十法界，牟先生認為此說法是就一念心而籠統地言之。如此言
之，則是「心具」，若分拆之而言，則是「性具」或「理具」。
「性」者即法性，「理」者即「中道實相理」。[48]此「中道實
相」之「中」是「圓中」。「圓中」者，「即空即假即中」之中
而復具備著十法界（三千世間法）以為中。從十法界（三千世間
法）的角度，十法界（三千世間法）趣空趣假趣非空非假之中。
「一切法趣中，是趣不過」，即是圓中。故「中道實相理」即於
而且具備著十法界（三千世間法）而為「中道實相理」，因此，
遂名曰「理具」。「中道實相理」是就圓教下的法理而抒其義，
圓教下的法理即是「即空即假即中而且一切法趣中」，是故天台
圓教仍歸於實相學而不失般若與中觀之規範。[49]

　　總之，《佛性與般若》既認天台圓教是最圓滿究竟的教法，
此教法自然也是《佛性與般若》中的核心論述。天台圓教不與任
何權教同一層次，而表達方式亦不同。但也要注意，圓教必預設
權教，必即於權教而顯。法華圓教正由開權顯實而成，由一最根
源之洞見立出「一念無明法性心即具十法界」之義理。此完全是
相應於法華如來設教之大綱而為批判的解答。由此批判的解答始

---

[47]　牟宗三，《佛性與般若》，下冊，頁 611。

[48]　牟宗三，《佛性與般若》，下冊，頁 612。

[49]　牟宗三，《佛性與般若》，下冊，頁 612-613。

開出那詭譎方式下的圓教。[50]牟先生在書中多次強調「非分解地說」（非分別說）與「分解地說」（分別說）兩種立教方式，認為非分解地說（非分別說）才是真圓實教，凡以分解地說（分別說）方式立教，都是可諍法，都是權教。天台就是透過非分解地說（非分別說）這一獨特方式，抉了分別說的權教，開權顯實，由此建立圓教系統，同時也藉由此圓教系統評比諸家，包括賴耶妄心派、如來藏真心派及華嚴宗之佛理特徵。參見牟先生的說法：「由此再進到如來藏自性清淨心的系統，此系統不但對於生滅流轉法能詳細說明，對於清淨法也能清楚地交代，這可以說是很圓滿了。但天台宗仍判其為大乘別教而非圓教，因為如來藏系統仍然是分析的路子，也就是用超越的分解（transcendental analytic）說一切法的存在問題。儘管它是超越的分解，但只要用分解的方式說一切法，就不是圓教，因為對於法的存在問題，一用分解的方式說，就是個特定的系統；既是一特定的系統，就有一個系統的限定相。所以不管是阿賴耶系統或如來藏系統，都有其限定相。也正因為既用分解的方式說，又有系統的限定相，所以天台宗批評大乘別教為『曲徑紆回，所因處拙』；既是紆回、笨拙、自然就不是圓教了。」[51]因此，「阿賴耶緣起是經驗的分解，或心理學意義的分解，如來藏緣起是超越的分解。順分解之路前進，至華嚴宗而極，無可再進者。由如來藏緣起悟入佛法身，就此法身而言法界緣起，一乘無盡緣起，所謂『大緣起陀

---

50 參閱廖鍾慶，〈《佛性與般若》之研究〉，載於《牟宗三先生的哲學與著作》（臺北：臺灣學生書局，1978），頁 608-609。

51 牟宗三，《中國哲學十九講》，頁 359-360。

羅尼法』者，便是華嚴宗。」[52]

　　《佛性與般若》中收有一篇附錄〈分別說與非分別說〉。此篇附錄綜合起來可看作為《佛性與般若》全書的大綱（Outline）[53]。牟先生說：

> 凡分別說者皆是可諍法，有許多交替之可能，皆不能圓。即使是別教之圓教，因是分別說者，故亦非真圓，蓋「所因處拙」故也，專就佛法身而分析地說其圓融無礙與圓滿無盡，這不能決定圓教之所以為圓教也。然則真正圓教必非分別說者，然卻亦不只是般若無諍法。然則除般若無諍法外，必尚有一個非分別說的圓教無諍法。此即是天台宗相應法華開權顯實，發跡顯本，在三道即三德下，在不斷斷中，所成立之圓教也。真正的圓教，非分別說的圓教，只有一，無二無三，故亦為無諍。般若無諍與圓教無諍交織為一，則圓實佛成。[54]

從引文中可見，牟先生推崇天台思想，關鍵在於天台宗提出了圓教觀念，並且對圓教作了獨特的規定。此獨特的規定相應《法華》開權顯實，發跡顯本，在三道即三德下，在不斷斷中成立圓教系統，該系統透過非分別說的方式，是般若無諍與圓教無諍交織為一的圓實佛成。

---

[52] 牟宗三，《佛性與般若》，上冊，頁483。

[53] 參閱廖鍾慶，〈《佛性與般若》之研究〉，載於《牟宗三先生的哲學與著作》（臺北：臺灣學生書局，1978），頁532。

[54] 牟宗三，《佛性與般若》，下冊，頁1210-1211。

　　圓教是最圓滿圓融的教法，是佛教在中國發展過程中，所提出的一個新觀念[55]。就中國佛教內部而言，實則有兩種不同的圓教觀念：天台圓教與華嚴圓教，唯爭論亦多。天台以「五時八教」為基礎脈絡，華嚴則以「五教十宗」為內涵核心，兩者判斷理據大致相同，最大的區別在於判教理論。天台判教系統中，華嚴仍屬於別教，而天台圓教是最終極的真理；華嚴判教系統中，天台被判為「同教一乘圓教」，而華嚴作為「別教一乘圓教」，才是最圓滿的境界。相較於牟先生將天台圓教透過「非分解地說」（非分別說）進行分析，把天台圓教稱作真正的圓教，唐君毅在詮釋圓教觀念的同時，卻持不同的見解。唐君毅和牟宗三是當代新儒學第二代人物中哲學思辯比較突出的兩位哲學家。他們二人都在西方哲學之外大量吸收並藉佛學思想去理解、詮釋中西方哲學，同時也藉西方概念化的分析方法，對傳統佛學義理進行重新詮釋。關於唐、牟二先生之間對天台圓教、華嚴圓教的分歧，以下針對兩點進行討論：第一點為華嚴宗所講的緣理斷九跟天台宗所講的不斷斷，另一點則針對華嚴的性起說跟天台的性具說之差異。

　　先談緣理斷九與不斷斷的問題。華嚴宗強調緣理斷九，天台宗則講不斷斷。華嚴宗之所因處正是真常心，即真如心。真如在迷，能生九界（六道眾生加聲聞、緣覺、菩薩為九界），亦全依無明而來。如《起信論》將佛法界與（生滅的）九法界截然二分，成佛只即佛法界而為佛，故自行化他皆須斷九，始達佛界。也就是說「緣理斷九」即九界與佛界不能相即，由是無明與法性

55　牟宗三，《中國哲學十九講》，頁 313。

不能同體，而是異體。真心隨緣還滅之時，以真如之理斷掉九界，亦斷掉無明，方顯佛界，方顯法性。天台宗則主張不必斷除九界，「即九法界以成佛。」牟先生認為在這點上天台較契合佛之本懷，天台宗因此較華嚴宗更圓。

吳汝鈞：這裏要對「緣理斷九」與「不斷斷」作些補充，雖然在上面略有涉及。「緣理斷九」是天台宗人對華嚴宗人的批評。「理」指真如空理；「九」則指眾生的九種不同的境界，所謂「十界」。依佛教，眾生有十個階位：佛、菩薩、緣覺、聲聞、天、人、阿修羅、畜生、餓鬼和地獄。緣覺、聲聞是小乘或二乘。這兩者加上佛、菩薩為四聖，已脫離輪迴。天以下是六凡，未能脫離輪迴。「九」或「九界」是指菩薩以下九個階位。天台宗人批評華嚴宗，說他們只強調佛界，就覺悟真如空理而成佛，不理會九界，甚至斷除與九界的關連，所謂「斷九」。

至於「不斷斷」，是天台宗人強調要達致覺悟、解脫並不一定要斷除生死煩惱，反而可以運用生死煩惱作為一種方便法門，以救渡眾生。例如菩薩要救渡一個賭徒，自己可以化作一個賭徒，與那一個賭徒一齊賭博、賭錢，和他建立親和關係，然後伺機勸化那個賭徒，說賭博不是一種正規的行為，大丈夫應該以自己的努力而求出路，不應該藉賭博這種機會主義的行為以求得發展。由於那種親和關係，他會受到你的影響，聽從你的勸告，因而不去賭博。你的救渡的目的達到了，便可回復原先的菩薩身份，不必賭博做賭徒了。這樣，你的化身為賭徒的領受生死煩惱（賭博作為生死煩惱看），還是很有用的，不必捨棄、斷除。「不斷斷」正是不必斷除生死煩惱而成就渡化的決斷的意思。天

台宗智顗大師的《法華玄義》一書中便有「煩惱即菩薩，生死即涅槃」的句子。

《維摩詰經》（*Vimalakīrtinirdeśa-sūtra*）的淫怒癡性即是解脫，也是不斷斷思維路向。《中論》句子「業煩惱滅故，名之為解脫」，則是斷斷路向；要先滅除生死煩惱，才有覺悟、解脫可言。

王明翠：唐君毅先生對《華嚴經》的解讀，特別強調「心佛眾生，三無差別」。「心佛眾生」指佛、真心與眾生。妄心與眾生亦即是菩提、涅槃與煩惱、生死有同一的連繫。這表示唐先生對於《華嚴經》的思維路向有不同的理解。他在〈談中國佛學中之判教問題〉一文中進一步加強說明：「圓教之標準，可以說得很多，亦可以說到很少。在很少處說，則依智顗、法藏同有之根本義，只須肯定《華嚴經》所謂『心、佛、眾生，三無差別』（天台宗之『一念三千』，『十界互具』，華嚴宗之『諸佛與眾生交澈，淨土與穢土融通』，『一攝一切，一切攝一』，皆可為表此『心佛眾生，三無差別』之義理形式。）；即眾生心性而修，即見佛心佛性；此中之修（各位之修）與性（各義之佛性）間，修因與證果間，無隔別不融之事，便是圓教。」[56]唐先生認為天台、華嚴圓教本不矛盾，是可以互通的。正如《華嚴經》中明言「心佛眾生，三無差別」，心、佛、眾生三者平等無差別，豈不是已表明佛與眾生有連繫性？佛不離眾生而成佛，換言之，佛即眾生，眾生即佛，其差別只在於迷悟之間而已，心在迷之時

---

[56] 唐君毅，《哲學論集・談中國佛學中之判教問題》校訂版（臺北：臺灣學生書局，1980），頁 590-591。

是眾生，心在悟之時則是佛。再說天台宗的「一念三千」、「十界互具」，和華嚴宗的「諸佛與眾生交澈，淨土與穢土融通」、「一攝一切，一切攝一」等教法皆可會通，可以用這些理論來詮釋「心佛眾生，三無差別」之義。既然會通，那麼便可證明華嚴與天台兩宗之間是可以交流而不是互相矛盾的。唐先生也強調天台、華嚴二宗各有各圓。他說：「至於吾人若立於天台華嚴之言之外，以平觀此二圓教之別，則天台之以法華為圓教，乃自其開權顯實，廢權立實說。此自是有權可廢，意在開顯。而華嚴則只說一佛境界之實，而無權可廢，意在直顯。二經不同，而天台華嚴二宗，其立根，亦初不一。此即直依本流出乳教，與由三教之末教會歸於本之醍醐教之不同也。」[57]

　　另，唐先生在《中國哲學原論・原道篇》卷三言：

　　天台即九界眾生性，以開顯其所具之佛性，會三乘於一乘。華嚴觀九界眾生性，皆如來性之所起，由一乘之本教，以出三乘。會三歸一，如日之還照；一能出三，如日之初照。三原是一，方能歸一；一原函三，方能出三。天台之圓，在即眾生心性，開佛知見，開三乘之權，顯一乘之實；而其本則在《華嚴經》所言：佛眼所見之「心佛眾生，三無差別」。華嚴之圓，則在直契此佛眼所見，以知佛之本懷，必普渡眾生，使與佛無異。而其末，則為《法華經》之開權顯實，使一切眾生畢竟成佛，而還契佛之本

57　唐君毅，《中國哲學原論・原道篇》卷三，校訂版（臺北：臺灣學生書局，1986），頁 324。

> 懷。故不可以天台之觀即眾生性之妄心，為偏妄而不圓；
> 亦不可以華嚴之觀即佛性之真心，為偏真而不圓；更當知
> 本末之相貫而不可相離；還照之日即初照之日之自行於一
> 圓也。[58]

華嚴宗講「性起」即「法界緣起」是佛在海印三昧（sāgara-
mudrā-samādhi）中顯現的，是就佛之果地而言，是絕對清淨，
不是就因地眾生（真如在迷）隨緣修行而言的。「性起」即是佛
之示現，因此不可將「性起」與眾生起修混談。「性起」其實是
起而不起，只是「炳然齊頭同時顯現」，並無先後次第。因此也
可再次說明「性起」不可與眾生起修混談。

　　關於「性具」、「性起」之分歧，唐先生在《中國哲學原
論・原性篇》說：「然此中之性具染淨，既只能限於第二義上
說；此性所具之染淨，乃唯依於第一義之性所起之事而立，於是
此第二義之性具，仍攝在第一義性起之下，不可持之以倒說第一
義之性起。今若不限在第二義，而泛說性具染淨，竟在第一義之
佛心，或眾生之心性本身，說其兼具染淨，謂佛性有惡，則非華
嚴宗所許。」[59]唐先生將天台宗所講的性具攝於華嚴宗所講的性
起之下，認為華嚴性起是第一義，天台性具僅限於第二義而已，
性具因此在思想內容上不及於性起思想。

　　牟宗三的佛學研究，重點在天台圓教的論述。《佛性與般

---

[58] 唐君毅，《中國哲學原論・原道篇》卷三，校訂版（臺北：臺灣學生書
　　局，1986），頁327。

[59] 唐君毅，《中國哲學原論・原性篇》校訂版（臺北：臺灣學生書局，
　　1984），頁264。

若》透過「佛性」與「般若」兩大觀念來展示「圓教」在中國佛教中的理論形態，也就是說，「圓教」形態需要具有「佛性」與「般若」之性格。根據牟先生的說法，般若思想可以歸結為一種觀法上的圓通無礙，此圓通無礙是「作用地圓具」，換言之，破除一切執著是從觀法上、功能上講的。對於佛性觀念，牟先生認為其重點在於能解決對「存有」的問題。天台圓教的進路是繼承般若智慧之圓實無諍，除了在觀法上、作用上破除執著之外，用詭譎「非分解」的方式來凸顯佛性觀念的圓滿無盡，由此解釋諸法存在之根源。不同於般若智慧僅是觀法上的無諍、作用上的圓實，天台圓教作為存有論的圓教，是一種更為完滿的理論模型。

就中國佛教內部的義理架構而言，唐君毅欣賞華嚴圓教，而牟宗三則更推崇天台圓教的模型。唐、牟二先生的分歧觀點，如果以圓教發展的進路來看，則唐君毅更注重圓教的直顯方面，而牟宗三相較而言則將重點放在開顯圓融上。在唐君毅看來，真如心之廣大開啟法界的無礙緣起，真如心的圓滿能引出判教的最終圓教。既然是從真如心引出的圓實，那麼佛界的圓實佛自然不能與其他權法（九法界）相融。唐君毅因為更注重圓教的直顯而傾向於以「性具」與「性起」之性體來分判天台、華嚴兩宗之高下。反之，牟宗三則認為真正的圓教除了圓滿究竟之外，佛不能單獨孤立存在而必須包容其他九法界的眾生。此觀念是從「一念無明法性心」延伸而來的。無明即「權」，法性即「實」，一念心既是無明又是法性，換言之，無明與法性在一念心中相融無間。在一念心中，兩者相融相即，這表明權與實在一念心中也是相融相即的。針對天台、華嚴圓教理論的不同，牟宗三比較在意的是法性與無明是否同體異體，以及隔不隔權而成佛的問題。

　　牟宗三站在法華圓教的立場上，肯定不會接受唐君毅讚同華
嚴宗將九法界與佛界區隔開來的觀點，反而認為華嚴圓教的理論
與旨趣將權與實之間隔了一層，並沒有容納「權教」部分，未能
徹底圓融，故無法達至圓滿究竟的程度。當然，對於唐君毅傾向
於華嚴圓教而言，他也不會接受牟宗三推崇天台宗將權與實相融
的這套理論，既然還留有「權法」，那麼天台圓教也僅是方便之
門而已，未能進入終極涅槃的真理。唐、牟二先生的分歧觀點，
歸根到底，主要在於天台圓教與華嚴圓教的進路、側重不同，正
如唐君毅認為天台、華嚴圓教本不矛盾，是可以互通的，天台是
會歸，而華嚴是流出，最終的目的依然還是證得覺悟、解脫，證
得不可思議的圓滿圓教境界。

　　唐君毅《中國哲學原論・原道篇》三卷於 1973 年出版。其
〈談中國佛學中之判教問題〉一文刊於 1977 年 11 月《哲學與文
化》第四卷第十一期。牟宗三《佛性與般若》具體寫作時間是從
1969 年至 1975 年，1977 年 6 月出版。唐君毅的見解，可見仍不
認同牟先生依圓教理論判天台高於華嚴，尤其他在〈談中國佛學
中之判教問題〉一文中的看法，應可視作對牟宗三的一些回應。
對此，牟先生雖說並沒有明確提出自己的觀點，但他後來在《中
國哲學十九講》中稍微表示，認為唐先生的理解力高深，其思想
在三十歲以前就已成熟，在三十歲到五十歲的二十年間，唐先生
講道德自我之建立、講人生之體驗，乃至講文化等問題，都講得
很好，思想也到達了最高峰。不過五十歲以後，唐先生因辦新亞
書院，又參與校政，心思一分散就影響到作學問，所以他這段期
間的引證大體不甚可靠。牟先生說：「所以唐先生在五十歲以後
的二十年間，在學問上並沒有多大進步。雖然他寫了許多書，像

《中國哲學原論》就有好幾冊，其中疏通致遠，精義絡繹，但這些書在客觀理解上，也有許多不甚妥帖處。這些書大體只能當做rough work看，是需要修改的。因為他還是根據三十歲左右所了解的程度來寫，在理解的程度上並沒有進步，而只是擴大了材料的量。」[60]

牟先生在《中國哲學十九講》的〈分別說與非分別說以及「表達圓教」之模式〉一文中再度強調天台思想，以天台宗為圓教。參考其言：

> 所以，要真正表示圓教，一定要用非分解的方式來說；用非分解的方式就著法的存在說圓教，並不同於佛用非分解的方式說般若。既就法的存在說，它便是有所說，因此它仍是個教；既是一個教，就是個系統，但它卻沒有系統相。其所以是個系統，因為它是就著佛性與法的存在說；但它用的是非分解的方式，所以無有系統的限定相。既是個系統又無系統相，此即成了一個詭辭。正因其是系統而無系統相，所以顯出綱上的圓教意義。此圓教是就著法華經開出來的。法華經與般若經，都有其特殊的性格。就法華經本身而言，並沒有什麼特殊的內容，經文非常簡單，沒有包含分別說的法……所以天台宗講法華經是佛教的大綱，此大綱是就著佛之本懷與開權顯實說的；照現在的辭語，就是屬於第二層序（second order），其他分別說的法，則是屬於第一層序（first order）或屬於基層

（basic order）⋯⋯天台宗將諸大小乘開決以後，即以
「一念三千」來說明一切法的存在；「一念三千」不是用
分別的方式說，「一念三千」這句話對於法的存在等於沒
有說明，但卻表示了法的存在，而不是表示般若，所以天
台宗不同於空宗。「一念三千」是開決了界內的小乘教與
通教，以及界外之阿賴耶與如來藏系統以後所說的。所以
天台宗這句話，與大小乘諸教並不在同一層次上，它是高
一層次的說法，它是非分別說，而且對於法的存在等於沒
有說明；而低一層次的說法，則是用分別說的方式說一切
法之存在⋯⋯此種圓教，不再是另一交替可能的系統
（alternative system），它不再有特定的系統相，所以是
不可諍辯的。[61]

總而言之，牟先生認為般若思想、阿賴耶系統、如來藏系統以及
華嚴宗這些教理系統之所以沒有天台宗的教理圓滿，是因為這些
教派仍是透過語言文字進行分解，從而建立系統，有系統的限定
相，故不是圓教。天台宗則用非分解，透過佛性觀念說明一切法
之存在的問題，以詭譎的遮詮方式消融種種分解，其系統因此無
諍圓實，而且是存有論的無諍圓實，沒有系統的限定相，與大小
乘各宗派來看，是更高一層的。

吳汝鈞：我覺得這份報告做得不錯。嚴格來講，對於天台跟
華嚴的了解，牟宗三跟唐君毅有不同的看法。這是一門大學問，
如果想要徹底了解，除了《佛性與般若》，還要仔細看唐君毅的

---

61 牟宗三，《中國哲學十九講》，頁 360-362。

《中國哲學原論・原道篇》卷三。我記得有一次我跟牟宗三談這方面的問題，牟宗三叫我不要看《中國哲學原論・原道篇》，他說唐君毅寫這些東西其實在《中國哲學原論》、《導論篇》、《原性篇》，都已經講過了。他好像沒有很重視唐君毅所寫的《導論篇》、《原性篇》、《原道篇》。我不是很服氣，所以我就仔細看《中國哲學原論・原道篇》，此書第三卷是專門講佛教。結果發現唐君毅這本書講的很多內容，都是新講的，不是重複在《導論篇》、《原性篇》所講的。我覺得牟宗三根本沒有看過這《原道篇》裏面所講佛教的部分。因為他們兩位都是大學者，大哲學家，好像在某些問題上，他們兩位有點執著，只是沒有直接點評，互相批評對方。

對於牟宗三跟唐君毅兩位對天台、華嚴的看法，到底哪一教派的圓教比較好？我就提出這個問題，然後問牟宗三，他說唐君毅這幾本書都是老調重彈，不看也可以，沒有什麼新的見解。我就仔細看唐君毅的書，特別是《原道篇》。我發現書裏面所講的很多方面都有唐君毅個人的創見，尤其是講到天台跟華嚴的圓教的觀念。唐君毅《原道篇》裏面其實有很多精彩的說法。唐君毅也沒有直接批評牟宗三的說法，牟宗三堅持他自己的觀點是正確的，而且認為是比較深入。我覺得唐君毅跟牟宗三兩位的看法都有他們的精彩的地方，不過兩個人的出發點不是完全一樣。唐君毅是以廣大作為他的理想，牟宗三強調深度，他的邏輯性、哲學性都是很強的。牟宗三寫的書也比較流暢，唐君毅寫的書，表達方式不是很好，常常是講過了，後面又再重複一遍，講法不是很流暢，所以很多人都覺得他講得不清楚，要用很多工夫才能看得懂。可能因為唐君毅的公務太繁，他在香港中文大學當講座教

授，又當系主任，又常常到美國等其他地方演講、開會，他留下來的時間不是很多。他的書都寫的很快。牟宗三則比較謹慎，脈絡非常清楚。比如《才性與玄理》這本書是兩個概念相對比，《心體與性體》、《現象與物自身》、《智的直覺與中國哲學》等，都是用這種方式來寫，寫得比較流暢，讓人容易把握。《佛性與般若》這本書也是分為兩個觀念：佛性與般若，兩者有一定的關聯，般若是從佛性發展出來的，好像有一種體用相連的情況。唐君毅的書通常都沒有作關於概念、觀念上的一些提醒。另外，有一點我想說一下。牟先生在其書中時常提到「如來藏恆沙佛法佛性」一名相。這個名相不大見於佛教書中，在佛學辭典也很少出現。這是一個復合名相，如來藏即是佛性，恆沙佛法則是指一般的事物，或所謂諸法。這些諸法夾在如來藏與佛性之中，似乎有為如來藏、佛性所帶引之意，因此不可能是在外面世界的獨立的事物，不是一般的存有，也很難說存有論。

五、結語

　　王明翠：《佛性與般若》是近現代中國佛學研究的高峰作品。本文梳理牟先生《佛性與般若》一書的哲學思想，從般若學至廣義前後唯識學，再到華嚴宗與天台宗，討論牟先生對南北朝隋唐一階段的佛學思想發展之詮釋，藉此思考中國佛教哲學之義理脈絡與教派綱維。此書義理極深，單就對天台圓教這一獨特的見解，在中國佛教史上可說足以享有不可磨滅之地位。

　　《佛性與般若》以佛性與般若兩路縱貫全書，各宗派義理系統之發展皆從此二觀念開展。佛教大小乘各系統之性格，既不同

而又互相關聯，其中，般若是共法，而系統之不同關鍵在於佛性一問題。牟先生以天台圓教為最後的消化，具有般若無諍詭譎圓實的性格。又因為透過非分解而成的系統，是般若之無諍與系統之無諍之融一，故沒有限定相，所以沒有可諍法。牟先生認為凡透過分解而有的系統，其缺點就是有限定相，有限相當然有可諍之處。若想達致佛教這種最高、最圓滿的境界，一定要有一套免於分解相的無諍系統。這裏他提到般若思想，般若雖是無諍，但非系統，故不是最高的境界。阿賴耶與如來藏真心系統都是透過分解而有的系統，也不是最高的境界。華嚴是順著唯識學而發展的最高峰，在時間上雖後於天台，但從義理這角度而言，華嚴也不是最後的。天台圓教的系統因圓實無諍，且是存有論的無諍，故是最高的境界。

牟宗三先生的佛教解讀，總而言之，有其獨創之處，但也有爭議之處。精彩之處前述已多次提及並加以討論，以下則針對《佛性與般若》一書，提出一些觀察與建議：

其一，牟先生著作一如既往的高屋建瓴，義理極深。《佛性與般若》卷帙浩瀚，對中國佛教主要流派和概念均有獨到闡述，條理清晰，說理性很強。此書所探討的對象不是寬泛的哲學概念，而是比較專門的學問，可說是牟先生著作中非常難懂的一本書，對初學者而言，不易掌握。讀者需要對中國哲學思想有較為扎實的基礎，絕非入門讀物。

其二，此書探究中國佛教哲學思想的發展脈絡，方法論相當西式，慣用邏輯分析講中國佛學，敘述方式多引用西哲理論、概念、專有名詞來分析佛教思想。雖仍存有爭議之處，但分析得很有系統，可見牟先生已真正做到學貫中西，擅長「西學東漸」。

除了掌握中國哲學思想之外，讀者若對西哲文本有一定的基礎和理解，入手此書會比較好。

其三，《佛性與般若》以天台圓教篇幅最多，全書共二冊，專談天台圓教雖說已獨佔一冊，但從般若部開始，天台思想已出現並滲透了此書的全部內容中，這是因為牟先生以天台理論為審視標準。透過天台圓教評比諸家，從中可見牟先生對天台學之重視，不過就內容呈現的角度而言，不免有多處重複，導致布局失調，讀者在閱讀過程中，可能也會產生邏輯上或理解的混亂。

其四，儘管牟先生已表明，《佛性與般若》寫作立場是以客觀態度探究佛教義理，但由於此書發表時，牟先生已是自成一家的哲學家，有其鮮明的思想性格及根本關懷，所以述寫方式不免已預設立場。牟先生獨尊天台，認為天台圓教是真正的圓教系統，這點顯而可見，不過其他宗派或佛學研究者可能未必接受他的觀點，甚至會作出回應。其中，觀點抉擇的差異，可能也涉及個人的價值取向，這又是極其複雜的問題。

最後，唐君毅和牟宗三對天台圓教和華嚴圓教的評價，持有分歧觀點，主要因為對圓教不同面向的側重，也就是觀察的角度不同所致。無論是唐先生欣賞華嚴宗的法界緣起觀、第一義真心，還是牟先生推崇天台宗圓融三諦、一心三觀、無明法性、一念三千等，其實質都是一種運用佛法來觀照當下、觀照自心，充分體現人們修行證道的主動性。再說，唐、牟二先生對中國佛教思想，尤其是對圓教觀念的詮釋，不僅增加了他們各自的理論厚度，也為圓教觀念在中國哲學方面提供了更穩固的地位。因此，過分貶低誰都是不對的。

第二部分

第一章
牟宗三先生對於天台學的理解

一、佛教的實踐性格

　　中國佛學的義理發展到最後，出現所謂「圓教」。天台宗與華嚴宗都有進行判教，試圖把佛教諸宗諸派的說法都能融和起來，不產生矛盾，都能歸結到釋迦牟尼的教理方面去。天台宗的實際開宗者智顗判藏、通、別、圓四教。藏教指佛教早期的說法，包括《阿含經》（*Āgama*）和小乘思想，後者的代表學派是說一切有部（Sarvāstivādin）和經量部（Sautrāntika）。[1]通教則

---

[1]　說一切有部的具有代表性的著作是世親（Vasubandhu）寫的《阿毗達磨俱舍論》（*Abhidharmakośabhāṣya*）。經量部的文獻則很少，研究的成果也很貧乏。初期有加藤純章的《經量部の研究》（東京：春秋社，1989）。近年並川孝儀寫了一部《インド佛教教團正量部の研究》（東京：大藏出版社，2011），算是在這方面比較有系統與周延的說法。但

是指般若思想與中觀學（Mādyamika, Madhyamaka），特別是龍樹（Nāgārjuna）的《中論》（*Madhyamakakārikā*）所闡發的空（śūnyatā）的義理。[2]別教則指如來藏思想和華嚴宗。圓教則指自家的教法，其經典依據是《法華經》（*Saddharmapuṇḍarīka-sūtra*）和《大般涅槃經》（*Mahāparinirvāṇa-sūtra*）。在智顗看來，藏教與通教都以空來說終極真理，其修行法分別是拙與巧。別教與圓教則以佛性（buddhatā）來說終極真理，其修行法分別是歷別與圓頓。歷別修行需經過若干階段，是漸的形態；圓頓修行則不必經過若干階段，而能頓然覺悟，這是頓的形態。

　　華嚴宗的實際開宗者是法藏，他也有判教法，分小乘教、大乘始教、大乘終教、頓教與圓教。小乘教大體上相當於天台宗的藏教。大乘始教指般若思想、中觀學和唯識學（Vijñaptimātratā-vāda）。大乘終教指強調佛性（buddhatā）、如來藏（tathāgata-garbha）的教派，如《大乘起信論》。圓教則指同教一乘圓教與別教一乘圓教；前者指天台宗，後者則指華嚴宗。在法藏看來，

　　很多說法還在考證之中。經量部有時作經部，有時又作正量部。西方學者在這方面的研究也不多，只有一些零碎的說法。這兩派都有實在論的傾向，特別是說一切有部持之甚堅，強調一切法都有實體、自性（svabhāva），與空的義理不協調。空的義理強調一切法都沒有實體、自性，都是空的。

2　智顗也把《維摩經》（*Vimalakīrtinirdeśa-sūtra*）放到通教方面去，這難倒很多人，我自己想來想去，也不得其解。《維摩經》提出很多詭辯性的思想，如諸煩惱是道場，淫怒癡性即是解脫。這與智顗在其《法華玄義》中盛發的煩惱即菩提，生死即涅槃的思考正相一致，為甚麼判它是通教，而不是圓教呢？又智顗的判教法，在很多他晚年寫的註《維摩經》疏中都有提及，其中的《四教義》所說的最為周延，也最有系統性。

天台宗與華嚴宗都屬圓教，但以華嚴宗更為殊勝。[3]

　　一個宗教，其目的是要讓人能從生命的苦痛煩惱和罪業解放開來，達致覺悟、解脫的境地，或死後能生於天國。因此，宗教的實踐性是很強的。佛教（包括天台宗與華嚴宗）也不例外，它最關心的，是人的離苦得樂問題，樂是指涅槃（nirvāṇa）的清淨、無污垢的境界。從最低層方面說，對於周圍的環境，以至我們所生於斯、長於斯的世界，並不是最關要的問題，因而不會亟亟要研究客觀世界的事物的性格，對它建立一種知識論和存有論，特別是後者。因此，佛教對存在的意識不會是很強的。就天台宗與華嚴宗來說，有人說華嚴宗是主觀的入路，天台宗是客觀的入路。客觀的入路即是從存有方面說，亦即是有建立一種獨立的存有論的傾向。不過，這種說法的意思有點模糊，入路是這樣，那麼歸宿又是如何呢？我們在這裏要作些研究、討論。不過，我們不擬直接地、獨立地討論天台宗對存有、存在事物的看法，而是看牟宗三先生對天台學的理解方面說。

二、牟宗三先生對天台學的理解

　　牟宗三先生的《佛性與般若》（臺北：臺灣學生書局，

---

[3]　有關天台宗與華嚴宗的判教理論，參看拙著《中國佛學的現代詮釋》（臺北：文津出版社，1995）的相應方面。在華嚴宗的判教方面，很多學者指出小乘、大乘始教、大乘別教與圓教的判法都涉及教理內容，頓教則指修行的方式，內容與形式有不協調的問題。唐君毅先生則試圖調和這兩者。其詳參看氏著《中國哲學原論原道篇》卷 3（香港：新亞研究所，1974）有關部分。

1977）一書，對於佛教特別是中國佛教的研究，涉及很多重要的觀念與問題，有很多睿見，是一部世紀的扛鼎之作。他以對諸法的存在有無根源性的說明一問題意識來平章佛教諸派，認為唯識學、華嚴學、天台學等都有說明，般若思想與中觀學則以空一義理來蕩相遣執，對諸法的存在沒有根源的說明。

　　牟先生的這部鉅著對我在理解中國佛學上有很大的啟發性，我受益良多。但在存有論一問題上，我與牟先生有顯著的分歧。他強調智顗的天台教法是最後的、最殊勝的圓教，它給予一切法根源的說明，它言性具或心具，是存有論地圓具一切法。牟先生並表示，這樣圓具一切法，才能保住一切法的必然性。他的這種說法遍布於《佛性與般若》下冊全書，故這裏不引述其出處的頁碼了。我認為這種說法有商榷的空間。智顗說一切法的具足，特別是圓具，基本上是工夫論、實踐論的意義，而不是存有論的意義。理據如下：

　　一、智顗在《法華玄義》中，提到「圓行」，這表示圓滿的修行。我們要特別留意的是，這圓滿的修行具足一切法；或更確切地說，作為終極真理的中道佛性或真心在圓滿的修行中具足一切法。這「具」直接承接著圓行而來，應該是工夫論義，有教化、點化的教育義與倫理義，而不應是存有論義。《法華玄義》卷四說：「若圓行者，圓具十法界，一運一切運。」[4]稍後他又表示，圓滿的修行並不遠離我們，即在我們當前的一念心中，便能體現出來，展示出來。他更強調，我們即此即在現前的一念心中，便具足一切佛法，包括三諦真理在內。這應是從修證、教化

4　《大正藏》33・725b。

的角度說。這是很明顯的。倘若要說存有論的具或所具的是存有論的事物，則如何關涉到三諦等佛法呢？他又提到五行、安樂性，這些東西根本不是存有（Sein, existence），不是物體、質體（entity），而是內心透過修證所獲致的真理境界、心境。因此，智顗接著便指出我們在一念心方面要能「即空即假即中」，要能觀照出一念心的即空即假即中的圓頓的、圓融性格、關係。心沒有實體、自性（svabhāva），故是空（śūnyatā）；心具有種種作用、種種方便（upāya）法門，故是假（prajñapti）；由觀心當下便能展現、體證中道佛性這一終極原理，故是中道（madhyamā-pratipad）。若在一念心方面能夠觀取得它的空、假、中（同時是空、假、中）的性格，則由於一切由心造，能觀一念心即表示能觀一切法，因而圓具一切法，成就一切法，以至遍運一切法。這些活動都與存有論問題不大相干，而是為了修證真理、救贖生命而施行的。《法華玄義》卷四說：「圓行不可遠求，即心而是。一切諸法悉有安樂性。即觀心性，名為上定。心性即空即假即中。五行、三諦一切佛法，即心而具。」[5]在上面引文中，智顗更提出禪定（samādhi）這樣的修行方式，這與存有論有甚麼關聯呢？上面引文的主題是觀心，或一心三觀：空、假、中，對於這個主題，我在這裏不能細論，參看拙著《天台智顗的心靈哲學》。[6]

　　二、在《法華玄義》的上述引文稍後的地方，智顗提及圓信解一觀念，強調這圓信解或圓滿、圓融的信仰與理解的基礎在深

5　《大正藏》33・726a。

6　臺北：臺灣商務印書館，1999，頁 88-104。

信一心中具足十法界，亦即具足一切（在佛教，十法界表示就修證方面說的一切，十界則表示一切存在的東西），好像一粒微塵中含藏著無量經卷。這些東西都不是從現實的角度立說，不關乎現實的存在、存有，而純是一種高度的、深厚的修證境界、精神境界的表現，與獨立的存有論無涉。即是說，具足諸法、具十法界是一種信守、信念問題，傾向於道德的、宗教的操守的意味，不是客觀的存有論特別是宇宙論義的構造問題、成立問題。《法華玄義》卷五說：「起圓信解，信一心中具十法界，如一微塵有大千經卷。」[7]特別值得一提的是，智顗說一微塵中可藏含無量經卷，完全與存有論、宇宙論無關；這完全是就實踐立言，對於「大千經卷」或「無量經卷」不能認真地以物體、質體（Sache, thing）看，卻是要看它們內部所載的佛法、佛教義理。而「微塵」也不是甚麼原子（aṇu）一類東西，而是指人的腦袋、他的思想。人的思維、思想可以含藏無量的義理，便是這麼簡單。在智顗看來，具足一切佛教或具一切法是要在證得諸法實相或終極真理的脈絡中說的，「具」的修證義、救贖義實是明顯不過。這與獨立的存有論毫無關聯。《法華玄義》卷五說：「圓教菩薩從初發心，得諸法實相，具一切佛法。」[8]

　　由天台宗的義理與存有論的關聯，我們可以想到佛教的核心問題一點。牟宗三先生在他的《佛性與般若》中強調智顗的天台宗是最後的、最殊勝的圓教，它能給予一切法根源的說明，它言性具或心具，是存有論地圓具一切法。這是他論天台教法的關鍵

---

[7]　《大正藏》33・733a。

[8]　《大正藏》33・735a。

性之點,也透露出他對佛教各宗各派的判教法的一個重要線索:
是否對一切法提供根源性的說明。在這個線索之下,我們可就佛
教 的 最 重 要 的 理 論 立 場 : 緣 起 來 說 。 按 佛 教 說 緣 起
(pratītyasamutpāda)有以下諸種說法:中觀學的八不緣起、唯
識學的阿賴耶緣起、《大乘起信論》的如來藏緣起、華嚴宗的法
界緣起。這是大乘的緣起說。小乘則有業感緣起之說。有關這種
種緣起的說法與解讀,參閱拙著《中國佛學的現代詮釋》。[9]在
這種種緣起說中,若就給予緣起諸法一根源性的說明來看,則小
乘、唯識說、《大乘起信論》的說法應該沒有問題,不會起嚴重
的爭議。業(karma)、阿賴耶識(ālaya-vijñāna)的種子、《大
乘起信論》一系列的理論所強調的如來藏心(tathāgata-citta),
都可以作為諸法的實性的依據,或直接地(小乘、唯識學)或間
接地(《大乘起信論》)生起諸法,對後者有一根源的說明。中
觀學說八不緣起,是虛說,不是實說,它並未為諸法找尋一個實
質性的源頭,只是以負面、遮詮的方式說諸法不具有「自性的緣
起」。華嚴宗則說「不具有自性」的緣起,它所說的緣起或法界
緣起的事物,是毗盧遮那大佛(Vairocana-buddha)順應眾生的
願欲,把他在海印三昧禪定(sāgara-mudrā-samādhi)中所體證
得的置身於圓融無礙狀態中的諸法,投射出來;這些諸法只對佛
具有適切性,眾生能否看到,肯定是一個問題。倘若以對諸法的
存在性有根源性的說明來說是否有存有論,即有根源性的說法者
有存有論,沒有者則無存有論的話,牟先生認為,空宗(包括般
若文獻、中觀學)志在蕩相遣執,以克服對自性的執著,是作用

9　臺北:文津出版社,1995,頁99-104。

義的圓具諸法，與存有論無關，對諸法的存在性沒有根源的說明，這點我能了解。但牟先生說天台宗所說的性具或心具，是存有論義的圓具諸法，對諸法的存在性有根源的說明，我便無法理解了。天台智顗說一念三千，只表示一念心能帶引三千諸法，和它們同起同寂而已，三千諸法的存在與否，是對於一念心說的，它們的生起、具足，只是由於「介爾有心」而已；它們不能離心而存在，而這「介爾有心」也未表示對三千諸法的存有論、宇宙論的演述。則存有論從何說起呢？智顗並沒有證成獨立的存有論，則說智顗的具足諸法是存有論的圓具諸法，其理據在哪裏呢？說對諸法的存有性有根源的說明，這根源是甚麼呢？

　　實際上，佛教作為一種具有濃烈的覺悟、解脫的訴求的宗教，不會很著力去發展存有論，天台宗也沒有獨立的存有論。在佛教諸學派中，只有具有實在論傾向而又重視存在事物的知識的說一切有部，可以說存有論。和它在義理上相近的經量部也勉強可說有存有論，但其有條件的外界實在說的傾向不能與說一切有部的法體（svabhāva）恆有的觀點相提並論。大乘佛教唯識派中後期以陳那（Dignāga）與法稱（Dharmakīrti）為首的重視知識論的哲學家、學者的思想，也有輕微的存有論的傾向。其他的佛教學派都難與存有論扯上關係。唯識學的「境不離識」說強調外境的緣生性，似乎可說些存有論，但到了「識亦非實」說便須止步了。佛教就整體說，最關心的畢竟是人的救贖、解脫的問題，不是存在、存在世界的問題。即使有部分學派的學說涉及諸法或存在世界的來源、根源問題，但這不是終極關心的所在。天台宗灌頂輯錄的《國清百錄》便曾記錄其師智顗的志業說：「我位居

五品弟子，事在《法華》。」[10]這是說，智顗所孜孜關心的事，是《法華經》的開權顯實，發跡顯本的事，這很明顯地是指如何啟發眾生參悟真理，體證《法華經》的圓實教法，以得解脫，而不是認識存在、存有，對它們建立客觀的知識。因此，說到對全體佛教的義理的全面理解的判教，不應以是否對諸法的存在有根源的說明這一點來處理；牟先生的確有從這一點為線索來作的傾向。在我看來，判教理論應扣緊佛教的求覺悟、得解脫的理想來說，而最關要的，是佛性或中道佛性的問題，因這是求覺悟、得解脫的主體。智顗自己便說：「大小通有十二部，但有佛性、無佛性之異耳。」[11]實際上，智顗自己的藏通別圓的判教法，便是以這點為線索：藏教與通教未能正視佛性的重要性，別教與圓教則能盛發佛性的思想。

　　存有論傾向於哲學的維度（dimension），工夫論則傾向於宗教的維度（dimension）。哲學的目的是要提出一套理論來解釋、安立存有的、存在的現象世界。宗教的目的則是要提供一種實踐的方法，亦即是工夫，來處理人生的種種煩惱，讓眾生最後能離苦得樂，證成一種超越種種背反（Antinomie），如生與死、苦與樂、存在與非存在、有與無、善與惡等等，最後獲致一種超越一切矛盾的主客雙泯的絕對的境界，這在基督教來說是天堂、得救贖，在佛教來說是涅槃、解脫，在道家來說是天、自然。嚴格地說，沒有一種宗教會重視哲學意義特別是形而上學意義的存有論的，因為它與宗教的終極目標沒有直接的交集、關

10　《大正藏》46・811b。

11　《法華玄義》卷 10，《大正藏》33・803c。

連。佛教含有相當濃厚的哲學概念、觀念與問題，但它的核心問題是宗教性格，讓人能離苦得樂，讓人人都能證成他的終極關懷。牟先生是哲學家，要建構一套哲學理論，這可以是存有論、宇宙論、知識論或倫理學；他不是宗教家，宗教上的覺悟、救贖，不是他最重要的關心點，不是重中之重。他大體上是以哲學的態度、方法來處理宗教的問題，包括他對天台學的解讀在內。對於其重要思想的一念三千、一心三觀、煩惱即菩提、生死即涅槃等，都予以一哲學的處理，於是便強調天台學的存有論了。

　　至於對諸法的存在的根源性的說明，這根源性應該是就諸法的存在的生起與成立而言，而這生起與成立，是假定由一個具有實體性格的人格神或終極原理而言的。這在基督教、儒家與道家是比較好說的，但在佛教則不好說。基督教以耶和華為包括人類在內的萬物的創生者，祂是以人格神的身份而創生萬物的。儒家則強調作為終極原理的天道、天命、天理之屬創生萬物。道家老子則說：「道生一，一生二，二生三，三生萬物。」這耶和華、天道和道都是大實體，它們具有充實飽滿的內容和能力以創生萬物，是具有實在性的。佛教則不立實體，是非實體主義的立場。它不以實體為真理，卻以沒有實體為真理，這便是空、緣起。龍樹的《中論》便說：「以有空義故，一切法得成。」[12]即是，便是由於空這種終極真理，由於諸法是由因緣生的義理，我們才能成就諸法，這諸法是不具有實在性的，沒有自性。因此龍樹不說生，卻說「無生」；即是諸法是沒有「具有自性的那種生起」。禪宗《壇經》也說自性能生萬法，但這自性不是作為實體而要被

---

[12]　《大正藏》30・33a。

否定的自性，而是指佛性。佛性也是空的，沒有實體性。由它所生起的萬法都是生滅法，沒有恆常自性。

唯識學又是怎樣呢？它也好不到哪裏去，也不能說具有根源性的生起。它強調「種子六義」的六條規則，來說萬法的生起、緣起。依據這種子六義，我們眾生的第八識阿賴耶識（ālaya-vijñāna）中藏有無量數的精神性格的種子（bīja），這些種子遇到足夠的緣或條件，便會現行而成為現象界的事物。但種子是才生即滅的，是生滅法，它所生起的事物也是生滅法，沒有實在性。嚴格來說也不能助成根源性的說明。也可以說，這些生滅法並不是根源性地依於一個大實體而有其存在性。

進一步看，唯識學認為事物在我們的感官面前呈現，只是詐現（pratibhāsa）而已，即是，好像有這麼一種事物出現在我們的認知機能之前，它是否實在，它的背後是否一定有某種有實體義、自性義的東西在支撐它，是不能說的。這不能說的東西是否有根源義，甚至一切存在的依據，都不能說，因為我們沒有認知它的機能。套用胡塞爾（E. Husserl）的現象學的說法，它不具有明證性（Evidenz）。牟先生所提的諸法的存在的根源性的說明，對於佛教來說，不具有適切性（relevance）。

進一步看根源性的說明，這即是萬物的生的問題。這在實體主義的哲學是很好說的，這根源即是指一個形而上意義的大實體（Substance）。基督教的上帝便是這個大實體，上帝說：「Let there be all things」，萬物就出來了；再說：「Let there be light」，世界便變得光明了。祂又在地面上抓了一把泥土，做些動作，便變成一個男人了。祂又覺得男人會感到寂寞，人類也不能繁衍，便在他身上挖了一根肋骨，做些動作，一個女人便出現

了。這便是基督教所說的生或創生萬物。你信抑或不信，是另外的問題。道家也說創生，上面提到老子說：「道生一，一生二，二生三，三生萬物。」又說：「反者道之動。」莊子也說道或自然「神鬼神帝，生天生地」。這道便是實體形態。儒家的天道、天命、誠體也是大實體，而且是流行的、具動感的，自然也創生宇宙萬物，所謂「惟天之命，於穆不已」、「生生之謂易」，都是指此而言。但這天命或天道是一超越的、抽象的原理，它能活動而產生作用，沒有問題，但這抽象的天道如何能生起立體的、具體的萬物呢？這需要一種本體宇宙論的推演，由這推演變化，而成就立體的、具體的宇宙萬物。牟先生在他的著作中，常提到「本體宇宙論」一述語，特別是在關連到天道創生萬物的命題上為然。但他很少甚至沒有對這本體宇宙論的推演變化而生起萬物作過清楚而詳細的交代。這種推演應該可以關連到根源性的說明方面去。

　　方東美提出「宛若」、「宛如」來說事物的存在狀態。（這是劉述先先生在一次研討會上說的，但沒提供文獻學的依據。）熊十力則說本體「生生不息，大用流行」，這是沿襲《易傳》的說法。他參考佛教唯識學的詐現概念來說具體的、立體的事物的形成，以本體依翕闢開合的交互作用來成變，以「宛然詐現」萬物。由於萬物的生起依於本體或實體，這可說有「根源性」的意涵。京都學派的西田幾多郎以作為終極真理的純粹經驗或絕對無（absolutes Nichts）自我限定來說萬物的形成，但自我如何「限定」自己以成就萬物，則總是說得不清楚。他的高足西谷啟治則提出空的存有論，以空或絕對無在場所中證成萬物，使它們具有「迴互相入」的關係。這則是從現象論轉到現象學方面去，與佛

教華嚴宗的相即相入觀點與懷德海（A. N. Whitehead）的事物（event, actual entity）的相互攝握（mutual prehension）的說法有既深且廣的對話空間了。

　　佛教則否定大實體，視之為自性的一種形態。它也不能說是對存在世界有一根源性。佛教認為一切都是緣起，都是生滅法，從無明（avidyā）來，甚至逆推至無始無明。無明是沒有開始的，只是一團混沌，與理性完全不能掛鈎。它透過十二因緣（dvādaśāṅgika-pratītya-samutpāda）亦即是十二個因果環節來交代眾生特別是人的生命主體的成立和輪迴歷程。萬法的來歷更是無從說起。因此佛教不講「生」，卻講「不生」，這是中觀學的說法；唯識學則講境不離識，一切都是心識的詐現的結果，這種詐現是虛妄的。心識詐現一切，並直下執取之，視之為有自性，是真實的，故要轉依（āśraya-parāvṛtti），或轉識成智，以解除眾生由妄執而生起的種種煩惱。天台宗講一念三千，這三千諸法沒有獨立的存有論的內容，而是依著妄念而生起的，它們是跟著一念的腳跟轉的。一念是清淨，三千諸法都是清淨；一念是虛妄，三千諸法都是虛妄。念也不是一存有論的根源，它是順著無明的混沌狀態而出現的。這種情況肯定不能說是根源性的說明。華嚴宗則提出法界觀。這法界（dharmadhātu）也不是存有論義，它的觀純是工夫論義。即是，毗盧遮那大佛隨順眾生的願欲，把他在海印三昧的禪定中所證得的境界或法界示現出來，如上面所說。在這種觀照中，一切事物都處於融和關係中：相即、相入、相攝，而互不防礙。眾生有理解的，如菩薩，也有不理解的，如二乘。因此佛又從最低層次講起，因而有五時的說法。法界觀不是存有論義，而是工夫論義的。

第二章
《法華玄義》的佛性思想

　　佛性思想源於印度後期（或中後期）大乘佛學，在東亞佛教發展中，佔有極其重要的位置。竺道生以發揚佛性思想著稱於時，這已是眾所周知的事了。智顗對佛性思想，非常重視。他的判教法，基本上是以佛性作為關鍵指引，以佛性為真理的，他視為別教、圓教；不言佛性，而以空為真理的，他便判為藏教、通教。[1]他對佛性的重視達到甚麼程度呢？我們只要看下面引文便可看到，他在《法華玄義》中說：

　　　　大小通有十二部，但有佛性無佛性之異耳。[2]

　　這是以是否闡揚佛性作為判教的標準，亦不止於四教。佛教各學派義理上的異同，在於佛性是否受到闡揚，可見佛性觀念在智顗心目中的重要性。這確是他的體系的核心概念。而佛性等同

1　在我的很多著作中都涉及我自己對智顗的判教思想的整理，他的整盤判教體系，實以佛性為根本觀念。關於這點，可參閱拙著有關部分，這裏不一一引介。

2　《法華玄義》卷十上，《大正藏》33‧803c。

於中道，因此他提出「中道佛性」這一複合概念，來解讀終極真理。在這真理中，我們看到中道（理）與佛性（心）是等同的。因此這是心理為一或心即理的思路，近於儒家陸王學派的思想。[3]

關於佛性觀念，智顗在《法華玄義》中有進一步的發揮，這便是所謂「三因佛性」說。這是把作為精神主體的佛性撐開，從整個覺悟活動來說佛性本身。其詳如何？我們先看智顗的說法：

> 法性實相即是正因佛性。般若觀照即是了因佛性。五度功德資發般若，即是緣因佛性。[4]

這裏很清楚地看到，智顗把佛性開展為三個面相：正因佛性、了因佛性與緣因佛性。正因佛性指所覺悟的終極真理，亦即法性（dharmatā）或實相。了因佛性指觀照終極真理的心能，這即是般若（prajñā）智慧。但智顗以為，單憑般若智慧仍不能透徹了達實相，成就正覺，而是需要其他因素或輔佐條件來參與的，這便是緣因佛性，特別是指六波羅密多（pāramitā）或六度中除般若波羅密多（prajñāpāramitā）外的五波羅蜜多，所謂「五度」：布施、持戒、忍辱、精進、禪定。

在另外兩處，智顗以比較寬泛的方式論三因佛性。他說：

> 智即了因性，願即緣因性。……汝等皆當作佛，即正因性。[5]

3　關於這點，筆者在其他拙作中多次提過，並作過詳盡的闡釋，此處不多贅了。
4　《法華玄義》卷十上，《大正藏》33・802a。
5　《法華玄義》卷五下，《大正藏》33・744c。

一切眾生正因不滅，不敢輕慢。於諸過去佛，現在若滅
後，若有聞一句，皆得成佛道，即了因不滅。低頭舉手，
皆成佛道，即緣因不滅也。一切眾生無不具此三德。[6]

以智說了因佛性，清楚不過。又以了因佛性為聞佛一句法便
能成佛道，亦無問題，只是這必是頓悟方式，不是漸悟方式。至
於說正因佛性，一以眾生皆當成佛為正因佛性，又以一切眾生正
因不滅為正因佛性，都相當費解。如上所言，正因佛性是法性，
是實相，要覺悟便得親切體會它。現在以眾人皆當成佛說正因，
會令人想到「一切眾生悉有佛性」的《涅槃經》的根本問題，這
很明顯是把佛性視為眾生皆具足的心能智慧，這與法性、實性未
能很快便拉起關係來，更不要說二者等同了。至於以一切眾生正
因不滅為正因佛性，亦如上說，易令人視正因佛性為一成佛心
能。智顗這樣說正因佛性，與他以法性、實相來說並不協調。在
這點上，他顯然有疏忽。最後，有關緣因佛性，智顗以願來說，
又以「低頭舉手，皆成佛道」，這是從現實的、實踐的以至救贖
的角度來說緣因佛性，意味恰當而又深遠。以願說，即以悲願來
建立緣因佛性。在佛道的修習過程中，光有智慧是不夠的，另外
還需有悲願，才能不畏艱苦，產生動力以克服一切困難。「低頭
舉手，皆成佛道」這種說法，在後來禪宗中用得最多，那是表示
在我們日常生活中，一切勞作、動作都可展示佛教的真理。這真
理是甚麼呢？空、無執而已。智顗在這裏要強調的，是現實世間
的一切事物，我們日常生活的一切動作，都是佛教最高真理的展

6　《法華玄義》卷六下，《大正藏》33・757b。

現，或我們體證最高真理的機緣。

進一步，智顗更以弔詭（paradox）的方式來充量地、深刻地闡發其三因佛性思想。此中最有名的口號是「煩惱即菩提」，這主要出於《法華玄義》。他說：

> 煩惱道即是菩提，菩提通達，無復煩惱。煩惱既無，即究竟淨，了因佛性也。行有是業道，即是解脫。解脫自在，緣因佛性也。名、色、老、死是苦道，苦即法身。法身無苦無樂，是名大樂。不生不死是常，正因佛性故。[7]

這裏說「煩惱道即是菩提」，把煩惱與菩提這兩種性質完全相反的東西拉在一起，等同起來。這兩者可說是一背反（Antinomie）：兩個性質、性格相對反的東西總是糾纏在一起。智顗的意思是，菩提與煩惱具有同一的外延（extension），故證菩提必須在煩惱中證，離煩惱外，便無菩提可證。煩惱與菩提是同一心靈的不同面相，兩者都統屬於一心。當心迷時，便是煩惱。當心悟時，便是菩提。菩提是從煩惱中轉化出來的。對於這樣的菩提，或菩提智慧（bodhi-jñāna），智顗以了因佛性來解讀。跟著他以業道來說解脫。業通常是染污的，但若能善於運用種種業，再配合心念上的表現，所謂「行有」，便能成就業道，後者是有助人覺悟得解脫的資糧。這業道可說是緣因佛性。最後說正因佛性。智顗直接從十二因緣中的名、色、老、死這幾個環節說。名、色、老、死都是構成苦的原因，但若能當下克服對這

7　《法華玄義》卷二下，《大正藏》33．700a。

些環節的執取，而觀其本性是空，則能了斷苦，而成苦道，由此顯法身這一精神主體。對於這法身，智顗顯然將它與法性關連起來。終極真理，就主體言是法身，就客體言是法性。法身與法性是相通的，故由法身可說法性。法性正是正因佛性。

在運用弔詭方式或背反概念來說三因佛性這一點上，智顗的思路受到《維摩經》的影響，是明顯的。他在《法華玄義》中曾說：

塵勞之儔是如來種，豈非正因佛性？不斷癡愛，起諸明脫。明即了因性，脫即緣因性。[8]

在《維摩經》中，這樣的弔詭說法多得很。特別是「不斷癡愛，起諸明脫」。塵勞是凡俗的東西，但卻是成就如來的種子。這與上面說的苦即法身很相似。如來種是最高主體性，和它相對說的則是作為終極真理的法性。智顗在這裏是借主體性的如來種以顯客體性的法性，故說為是正因佛性。至於「不斷癡愛，起諸明脫」，「明」是明瞭癡愛本身的緣起虛幻性，沒有自性，故不必刻意斷除，便能究竟入佛道。這是需要智慧來達成的，故智顗以明是了因佛性。「脫」是解脫。修行者雖同時具足正因、了因佛性，但還未能肯定必能成覺，必需要借助一些有效的資糧作為輔助，才能得解脫。故智顗就解脫要依靠種種善巧的輔助條件而說後者為緣因佛性。

以上是有關智顗在《法華玄義》中所披露的佛性思想。他的

---

[8] 《法華玄義》卷十上，《大正藏》33・802c。

佛性思想最後凝鍊成「中道佛性」一複合概念，由此概括真理與
真心，把二者等同起來，而成心即理的思路格局。對於這個概
念，智顗在他的注《維摩經》疏中發展得最圓熟，也說得最多。
不過，在稍前的《法華玄義》中，他已對這個概念展示出很周延
而深刻的看法。以下我們即就這方面作些探討。

　　首先，智顗在《法華玄義》中多次提到中道佛性一概念：

　　　　佛性中道。[9]

　　　　實相中道佛性。[10]

　　　　見中道佛性第一義理。[11]

　　以上是點出中道佛性一名，並以之為終極真理、實相，需要
我們去體證（見）。

　　實際上，智顗在《法華玄義》所說的中道佛性，其內容是頗
為複雜的。中道佛性是實相，是無可置疑的。不過，智顗在論到
實相的種種稱呼時，未有直接提到中道佛性，未有用「中道佛
性」的名稱，但他以中道佛性為實相這一意味，卻是呼之欲出。
以下我們看《法華玄義》的那段有關的文字：

　　　　實相諸佛得法，故稱妙有。妙有雖不可見，諸佛得見，故

9　《法華玄義》卷五上，《大正藏》33‧735b。

10　《法華玄義》卷三上，《大正藏》33‧711c。

11　《法華玄義》卷五上，《大正藏》33‧734b。

稱真善妙色。實相非二邊之有，故名畢竟空。空理湛然，
非一非異，故名如如。實相寂滅，故名涅槃。覺了不改，
故名虛空佛性。多所含藏，故名如來藏。寂照靈知，故名
中實理心。不依於有，亦不附無，故名中道。最上無過，
故名第一義諦。如是等種種異名，俱名實相。種種所以，
俱是實相之功能。……是經之正體。[12]

　　在這裏，智顗列出實相或終極真理的不同稱呼。其中未有
「中道佛性」，但有「中道」與「佛性」，兩者既然都指向實
相，故我們把兩者連合起來，而成一複合概念，並無悖理之處。
況且，如上所云，智顗在他處盛言中道佛性。實際上，我之所以
確認中道佛性為天台智顗的核心概念，最能表示他的真理觀，是
經過一番理論還原與觀念還原而辛苦經營出來的。就文字學立場
來說，「中道佛性」一詞在智顗的著作（包括他後期的《維摩
經》疏）中的出現不算很頻繁，但在他的整個思想體系（包括他
的判教）中具有極其重要的意義，因為它最能全面地、深刻地展
現他的真理觀。而他的整個思想體系，內容雖然龐雜，但以理論
還原處理，可得出兩個根本問題：一、對於真理應如何理解，如
何解讀？二、如何在實踐方面體證這真理？對於第一個問題的回
應，便是中道佛性及其所包涵的哲學的、詮釋學的內涵。[13]

<hr>

[12]　《法華玄義》卷八下，《大正藏》33‧783b。

[13]　拙著 *T'ien-t'ai Buddhism and Early Mādhyamika* (Honolulu: University of
Hawaii Press, 1993) 對中道佛性有很詳盡的闡述。居於日本的美洲學者
史旺遜（Paul Swanson）對我提中道佛性作為智顗體系的核心概念有質
疑。不過，他基本上是從文字學、文獻學的角度來提出質疑，這和我研

　　這段有關真理或實相的引文非常重要，特別是在展示智顗獨特的真理觀方面。以下我們分數點來說一下：

　　一、真理是「妙有」。所謂妙有，是指沒有執著的存有、存在。真理雖不即是存在，但存在以真理為基礎，而如如呈現，不為任何主體所執取，執取為有自性。就真理作為存在的基礎一點言，我們可以說真理包容（embody）存在。

　　二、一般人不能見妙有，但佛能見。這表示妙有不是感官的（sinnlich）存在，應是高一層次的存在，或物自身（Dinge an sich）的存在。一般人只能見感官的存在，不能見物自身。佛則有慧眼、法眼和佛眼，[14]能穿透事物的感性的現象層面，直切入它的物自身的如如狀態，這亦即是空無自性的狀態。對於這種事物，智顗稱為「真善妙色」。「色」指作現象看的物質存在，「妙色」則指善巧的作物自身看的存在。

　　三、智顗以作為客體性的實相或真理具有寂照靈知的作用，因而稱之為「中實理心」。這是把客體性的實相與主體性的真心打通起來，讓兩者可互轉。重要的是，這真心具有寂照靈知的作

究天台學的哲學進路完全不同。他有這樣的看法：中道佛性在智顗的著作中出現的次數不多，故不能被視為智顗體系的核心概念。這與我提的理論還原、觀念還原毫不相干。我們的進路相差實在太遠，論辯下去也不會有甚麼積極的成果。關於他對拙書的評論，參考他的書評：Paul Swanson, "Understanding Chih-i: Through a glass, darkly?", *JIABS* 17.2, 1994, pp.349-356。關於我們之間的不同進路，德國的青年天台學學者康特（Hans-Rudolf Kantor）曾和我面談過，他傾向於我的進路，而不欣賞史旺遜的。

[14]　一般來說，二乘有慧眼，菩薩有法眼，佛有佛眼。但佛亦可同時兼具此三者。

用。「寂」是寂然不動，「照」是感而遂通。寂是靜態的，照則是動感的。心靈能動靜一如，而有其靈知的作用。這靈知應不是普通的知識之知，而是高一層次的（dimensional）知，是睿智的直覺（intellektuelle Anschauung）的知。這回應上面說的見物自身一點，睿智的直覺超乎一般感性的（sinnlich）認知之上，能見事物的物自身。

四、智顗最後強調真理具有功能，這表示真理並不是一個靜態的價值標準，而是具有活力，能起用，產生功能，以影響社會的。這點非常重要。

以上是說真理觀。智顗以佛性來說真理，因而那些特性，亦可以說是佛性的特性。它們在理解智顗的佛性思想方面，特別是限於《法華玄義》一書方面，是很重要的。

為了強化佛性的正面功能、意義，智顗在其《法華玄義》中，盛言佛性的不空或不空佛性。說佛性不空，並不表示佛性具有自性、實體，不是無自性空。不是這樣，而是強化佛性的功德，特別強調它與世間的密切關連，它是要在世間起用的，不能像小乘那種獨善其身、對世間掉頭不顧那樣。以下我們先引述一些有關文字，再行討論。智顗在《法華玄義》中說：

> 不空即佛性。[15]

> 智者見空，復見不空。哪得恆住於空？[16]

---

[15] 《法華玄義》卷二下，《大正藏》33・700c。

[16] 《法華玄義》卷五上，《大正藏》33・738a。

這是初步說不空佛性。以佛性為不空,並不表示佛性是實體,只是它內藏無量教化眾生的功德。就本性言,一切皆空,佛性亦不能例外。即是,並無「佛性自性」這種存在,佛性仍是空的。智顗強調,作為一個智者,應同時把得佛性的空與不空兩面,對佛性的本性與作用有全盤的理解。

智顗再進一步,以如來藏(tathāgatagarbha)來解讀不空佛性,更把佛性視為存有論的依據。他說:

> 但深觀空,能見不空。不空即如來藏。……大經云:聲聞之人,但見於空,不見不空。智者見空及與不空。大品云:一切智是聲聞智,道種智是菩薩智,一切種智是佛智,即此意也。[17]

又說:

> 大經云:聲聞之人但見於空,不見不空。智者見空及與不空。……破著空故,故言不空。……利人謂不空是妙有,故言不空。利利人聞不空,謂是如來藏。一切法趣如來藏。[18]

大經即是《大涅槃經》(*Mahāparinirvāṇa-sūtra*)。這兩段文字的所述,可謂窮空見不空。在了達諸法的緣起、無自性、空

---

[17] 《法華玄義》卷三下,《大正藏》33‧714a。
[18] 《法華玄義》卷二下,《大正藏》33‧703b。

之後，突出一見空的主體，這便是如來藏，那是不空的。能見不空的，應該是菩薩的道種智（了達諸法的特殊面的智慧）和佛的一切種智（同時了達諸法的特殊性與普遍性的智慧）。聲聞乘的一切智（了達諸法的普遍性的智慧）是不能體會不空這一義理的。後段文字尤其重要。智顗說不空，有以下三點意思：

一、不空是對空的執著的破除，這是一種艱深的修行工夫。這種工夫，與《般若經》所說的「空空」（śūnyatā-śūnyatā）很能相應，都表示我們對真理（空）不應有所執取，否則便陷於嚴重的意識障、認識障。[19]

二、利人以不空是妙有，這利人是指別教而言。別教以不空是妙有，智顗的圓教當亦以不空指涉妙有。這妙有，如上面說過，指不被執取的存在世界。這很類似胡塞爾（E. Husserl）所說的經本質還原（Wesensreduktion）或現象學還原（phänomenologische Reduktion）而展現的以本質為基礎的現象世界。若說存有論，這可成就無執的存有論。

三、對於利利人即圓教來說，不空與如來藏是等同的。而這如來藏亦為一切法所趨附，所歸向，所歸依，因而有一切存在的根源之意。智顗由初說空到最後說中道佛性，不空是一個過渡概念。不空觀對他建構自己的中道佛性詮釋學，實具有跳板或橋樑的作用。

最後，我們要指出，以上所說的不空的三點義理，都不指涉實體、自性。若不是如此，智顗便脫離了佛教，而走向印度數論

19　有關《般若經》言空空，參考拙著《印度佛學的現代詮釋》（臺北：文津出版社，1994），頁78-81。

的神我或自性（prakṛti）的路向，那是被視為邪論的。

　　以上我們闡述智顗的佛性思想，重點在三因佛性方面。智顗的這種思想，打開了佛性的大門。佛性不僅指覺悟的主體，同時也包容了被覺悟的客體，由此成就了了因佛性與正因佛性。另外，在修道歷程中石頭路滑，修行者艱苦備嚐，因此智顗強調種種有利於覺悟成道的助緣，而成緣因佛性。這樣，佛性不再限於傳統的說法，僅就覺悟的可能性、主體性而言，它無寧被擴張開去，化成一種整全的覺悟活動，在其中，有能覺者（了因佛性）、被覺者（正因佛性）和助覺者（緣因佛性）。這種構思很有現代哲學的意味。佛性由一個寡頭的、獨頭的主體性被擴展成含有機體主義（organism）意味的覺悟活動，在這活動中，了因、正因、緣因有一種相對相關的關係，三者必須緊密合作，而且要合作得恰當，才能成就覺悟的活動。關於這點，令人想起近現代大哲懷德海（A. N. Whitehead）的宇宙論式的機體主義。他言實在（reality），並不依傳統的做法，注目在實體（Substance）上，卻是就現實的事件（actual occasions，events）來說。事件與事件之間有互相攝握（mutual prehension）的作用，由此構成一具有和諧意味的宇宙情境。三因佛性中的三因，正與懷德海的事件（event）相符應。

　　三因佛性在《法華玄義》中有相當周延的陳述和闡發。至於智顗的另一重要的概念中道佛性，固然在他後期註《維摩經》時發揮得最充量，例如他在其《維摩經略疏》中便直截了當地說：「解脫者，即見中道佛性。」[20]他在《法華玄義》中自然未到這

20　《維摩經略疏》卷八，《大正藏》38・674b。

個程度，他充其量只說「見中道佛性第一義理」，[21]只說要體證中道佛性，並未說這體證與覺悟得解脫有甚麼關係。不過，大體來說，他的中道佛性思想在《法華玄義》中可以說是頗為成熟的。

　　最後，我們要以詮釋學的角度來評論一下智顗的佛性思想，特別是他的中道佛性觀念。在詮釋學方面，葛達瑪（Hans-Georg Gadamer）提及狄爾泰（Wilhelm Dilthey）講論到知識和反思，認為他是指涉一種具有生命導向、指向的活動。葛氏特別提及狄氏論到思想對生命的影響，這影響來自一種內在的需要。即是，我們要在感性知覺、欲念和情感的不停變化中，確認一種堅實的要素，它能給予我們固定的、統一的生命指向（stete und einheitliche Lebensführung）。[22]這種由堅實的要素而來的固定的、統一的生命指向，其實可以用來說中道佛性。它是真理、規範，同時也是心能。由規範可說生命指向（Lebensführung）。另方面，中道佛性具有常住性，它不是生滅法，因此它能對我們的生命提供堅固性、固定的和統一的力量。我們在中道佛性中得到自我認同。[23]

　　葛達瑪也提到海德格（Martin Heidegger）的此在（Dasein），

---

[21]　參看註11。

[22]　Hans-Georg Gadamer, *Hermeneutik I, Wahrheit und Methode*. Tübingen: J. C. B. Mohr (Paul Siebeck), 1990, S.242. 此書以下簡作 WM。

[23]　關於中道佛性的常住性，參考拙著 *Tien-t'ai Buddhism and Early Mādhyamika*, pp.64-69；又拙著《中國佛學的現代詮釋》（臺北：文津出版社，1995），頁 59-61。

說這此在依其自己的存在的完成，即是理解（Verstehen）。[24]這是把理解從知識論層次上提到存有論的層次，這是所謂實存性詮釋學（Hermeneutik der Faktizität）。對於中道佛性，我想我們也可以作如是類似的處理：我們讓中道佛性按其自己的存在性，即一方面是最高主體的心能，一方面是客觀的真理、規範，而完成其作用。這作用即是它的功用性，這樣可構成對中道佛性的詮釋學的理解。[25]所謂完成，即是對它的體驗、證成。

中道佛性無疑是絕對的、最高的主體，它也是一生命的主體。它是具有生機，能不停地發揮作用的，對於生命（Leben）本身，葛達瑪認為，胡塞爾有這樣的意思，即是，生命不是自然狀態的「正在～趨附那邊～生命」（Gerade-Dahin-Leben）。我們可以把生命還原至最基層的作為客觀事物的超越的主體。這裏面有一主體性與客體性的內在的諧和或協調（innere Zuordnung）。[26]按胡塞爾所提「正在～趨附那邊～生命」（Gerade-Dahin-Leben）應是一種固定的、呆板的、凝滯和機械的依據。生命不是這樣的依據；它可還原為它的最原初的狀態，那是消融了一切主客對立關係的諧和境界。這令人想到日本京都學派創始人西田幾多郎所提的純粹經驗或場所，後者是存有論地先在於一切主客對立關

---

24 WM, S.268.

25 有關中道佛性的功用性，筆者在他書有詳盡的闡釋。參看拙著 *Tien-t'ai Buddhism and Early Mādhyamika*, pp.66-73；《中國佛學的現代詮釋》，頁 62-71；《佛教思想大辭典》（臺北：臺灣商務印書館，1992），「用」條，頁 200a-201a。

26 WM, S.253.

係，而又為其基礎。[27]葛達瑪在這裏說的主體（超越地被還原的主體，transzendental reduzierte Subjektivität），應是絕對的主體，相應於胡塞爾的絕對意識（absolutes Bewußtsein），它既是絕對的主體，也是一種諧和的活動（Aktivität）。這正相應於智顗言實相所用的「中實理心」觀念，它是「寂照靈知」的，這便有活動的意味。智顗說到實相的「功能」，這功能也表這個意思，即是，實相不是存有（Sein），而是活動（Aktivität）。

現在我們繼續研討生命的問題。葛達瑪強調，在胡塞爾的生活世界（Lebenswelt）中，這種生命有具體的性格，這具體性格是狄爾泰與胡塞爾最後要回歸的處所。[28]這樣想法，頗近於存在主義（existentialism）。生命不能當作抽象的、普遍的概念來理解，它是要體驗的。東方哲學最擅長生命的體證。葛達瑪也提到胡塞爾強調的體驗流的同一性（Einheit des Erlebnisstroms）。[29]這其實是生命自身體證自身的同一性，境界可以很高。我們在上面引智顗《維摩經略疏》中的「解脫者即見中道佛性」，和《法華玄義》中的「見中道佛性第一義理」，都是這個自我同一的意涵，即是，中道佛性自己體驗自己，體證自己，由此達致自我同一。自我既是同一，則亦沒有主體與客體的區別，自我同一達成

27　有關純粹經驗的涵義，參看西田幾多郎著《善の研究》，《西田幾多郎全集》第一卷（東京：岩波書店，1978），頁 9-18。有關這觀念的詮釋，參閱拙著《絕對無的哲學：京都學派哲學導論》（臺北：臺灣商務印書館，1998），頁 5-16；《京都學派哲學七講》（臺北：文津出版社，1998），頁 8-13。

28　WM, S.254.

29　Idem.

了主客二元區別的基礎。若是這樣，自我便亦不必提了。這便是
上面提到的西田幾多郎的純粹經驗境界，也是佛陀最早說的無我
的境界。

第三章　智顗的具足諸法的
存有論義與救贖論義

　　一個大的思想體系，除了強調或是主體性、或是客體性、或是兩者的統一的終極原理外，必會涉及存在世界；後者是我們生於斯、長於斯的環境，其中的種種事物與我們的日常生活是分不開的。對於存在世界中的事物或存在的探究，探究它們的根源、形貌、作用等方面而形成一套哲學的，或探討它們的真相、真實性（reality）而成一套理論的，通常稱為存有論（ontology），或存在論。[1]在中國佛學中，其存有論較為人所留意的，當推天台宗與華嚴宗；前者的存有論稱為性具論，後者的存有論稱為性起論。以下我們集中探討天台宗的性具思想，亦即所謂具足諸法的說法。這種思想在智顗的《法華玄義》中有相當詳細的展示。

　　所謂「性具」的「性」，當是指佛性（中道佛性）而言，而佛性等同於法性，故亦可指法性。另外，佛性的潛藏、潛隱狀態為如來藏（tathāgatagarbha），故性具的性亦可指如來藏。對於這種性具思想，智顗在《法華玄義》的多處有提及，不過，其清

---

[1]　關於存有論，牟宗三先生在其《圓善論》的末尾有深入的剖析。（《圓善論》，臺北：臺灣學生書局，1985，頁 337-340。）

晰度似嫌不足。他說：

> 如來藏理含一切法。[2]

　　如來藏如何包含一切法呢？它是生起一切法，抑是作為一種憑依因，讓諸法有所依持而得成立呢？都不很清楚。另外，有關性或中道具諸法的說法，在《法華玄義》中被提到，如卷二下論五種三諦，便重複地說了幾次。[3]但「具」字的確切涵義似未能清晰地展示出來。不過，在《法華玄義》卷五下，智顗對性具思想提供了重要的訊息，他說：

> 遠論其本，即是性德三軌，亦名如來之藏。極論其末，即是修德三軌，亦名秘密藏。本末含藏一切諸法。[4]

　　性德三軌與修德三軌都含藏一切法。性德含藏一切法，可說存有論地具足諸法。但修德含藏一切法，則不能就存有論說，而要就實踐的特別是救贖的（soteriological）意義說，這即是不捨一切法，立法攝受諸法之意。[5]這是對諸法的緣起的性格加以承受，以緣起義理為基礎，建立本性是空而又如幻如化，表現為萬種姿采的現象世界。

2　《法華玄義》卷三下，《大正藏》33‧714a。

3　《法華玄義》卷二下，《大正藏》33‧704c-705a。

4　《法華玄義》卷五下，《大正藏》33‧741c。

5　立法攝受諸法是智顗最後言一心三觀中的從空入假觀的所指，這已脫離了認識論上的觀的意思，而純是從救贖的、解脫的角度來說。參看拙著《天台智顗的心靈哲學》（臺北：臺灣商務印書館，1999），頁143-144。

　　智顗說性具，性即是心，他是由心說性的。故性具亦可轉為心具。不管是性具也好，心具也好，若是由心、性推移到事物方面，參照詮釋學者狄爾泰（Welhelm Dilthey）的移情（Empathie，Einfühlung）的說法，讓事物活現起來，則亦可說事物具足諸法。智顗顯然意識到這點，而且相當重視這點。他說：

　　　　知色即空即假即中，色即法界，總含諸法。[6]

又說：

　　　　此一法界具十如是，十法界具百如是。又一法界具九法界，則有百法界千如是。[7]

又說：

　　　　一法界具九法界，名體廣。九法界即佛法界，名位高。十法界即空即假即中，名用長。[8]

　　「知色即空即假即中」是圓頓地以三觀觀色（rūpa），當下體證色的本性，而不予以執取，這樣，色即提升至法界（dharma-dhātu）的層面。法界無所不包，故色作為法界中的一部分，亦可說無所不包。故總含諸法。另外，一法界即是佛法界，佛法界的基礎是佛性。九法界與佛法界相即，即佛法界含具九法界，亦

6　《法華玄義》卷八上，《大正藏》33‧777b。
7　《法華玄義》卷二上，《大正藏》33‧693c。
8　《法華玄義》卷二上，《大正藏》33‧692c。

即佛性含具九法界，故這是性具說法。

　　上面說過，性具即是心具。即是，在心方面亦可說具足諸法。智顗說：

　　　若觀己心不具眾生心、佛心者，是體狹。具者是體廣。[9]

　　就修行境界言，體廣自比體狹為高。體廣的條件是心具足一切心，由此亦可推延至一切法。故性具亦即是心具。智顗顯然是以心說性。

　　現在有一個重要的問題是：智顗說性具或心具一切法，具足一切存在，這具足是存有論地具足呢？抑是另類意義的具足，例如工夫論地具足呢？牟宗三先生在其鉅著《佛性與般若》中，強調智顗的天台宗是最後的、最殊勝的圓教，它能給予一切法根源的說明，它言性具或心具，是存有論地圓具一切法。牟先生並表示，這樣圓具一切法，才能保住一切法的必然性。[10]對於牟先生的這種看法，筆者持保留態度。我認為智顗說具足或圓具一切法，基本上是工夫論地具足，而不是存有論地具足。以下謹提出有關論證。

　　智顗在《法華玄義》中說：

　　　若圓行者，圓具十法界，一運一切運。[11]

9　Idem.

10　牟宗三著《佛性與般若》上、下（臺北：臺灣學生書局，1977）。他的這種說法遍於下冊全書，故不引述其出處的頁碼了。

11　《法華玄義》卷四下，《大正藏》33·725b。

這是說圓行或圓滿的修行。圓滿的修行具足一切法，或更確切地說，佛性或心在圓滿的修行中具足一切法，這「具」直接承著圓行而來，應該是工夫論義，有教化、點化的教育義與倫理義，而不應是存有論義。故稍後智顗說：

> 圓行不可遠求，即心而是。一切諸法悉有安樂性。即觀心性，名為上定。心性即空即假即中。五行、三諦一切佛法，即心而具。[12]

即心而具一切佛法，包括三諦真理在內，這應是從修證、教化的角度說。這是很明顯的。倘若要說存有論的具，則如何具足三諦等佛法呢？三諦根本不是存有（Sein），而是內心透過修證而達致的真理境界。故智顗接著強調在心方面要能即空即假即中，要能觀照出心的即空即假即中的圓頓性格：心沒有實體，故是空；心具種種作用，故是假；由觀心當下能見佛性，體證中道佛性這一終極原理，故是中道。若在心方面能觀其即空即假即中，則由於一切由心造，能觀心即表示能觀一切法，圓具一切法，成就一切法，以至遍運一切法。這些都不能說是存有論義，而是從修證、救贖義說的。

再下智顗說到圓信解，說：

> 起圓信解，信一心中具十法界，如一微塵有大千經卷。[13]

12　《法華玄義》卷四下，《大正藏》33・726a。
13　《法華玄義》卷五上，《大正藏》33・733a。

　　圓信解的基礎在相信一心中具足十法界，亦即具足一切，猶如一粒微塵中含藏無量經卷。這都不是從現實的角度立說，不與現實的存在、存有協調，而純是一種高度的修證境界、精神境界的表現，與存有論無關。即是說，具足諸法、具十法界是一種信守、信念問題，不是客觀的宇宙論義的構造問題、成立問題。跟著智顗又說：

　　　　圓教菩薩從初發心，得諸法實相，具一切佛法。[14]

　　具一切佛法或具一切法需在證得諸法實相或終極真理的脈絡中說，「具」的修證義、救贖義真是明顯不過。這與存有論完全沒有關係。

　　以下我們要闡述智顗對一念的體會，以說他的所謂具足諸法的實踐的、救贖的涵義。他說：

　　　　凡夫一念皆有十界識名色等苦道性相。迷此苦道，生死浩然。此是迷法身為苦道。不離苦道，別有法身。如迷南為北，無別南也。若悟生死，即是法身。故云：苦道性相即是法身性相也。[15]

　　這裏說凡夫一念涵有十界事物，都屬苦道，可以說是念具，念是妄念。這具是甚麼意思呢？可以說，我們可以看一念的境界如何，以決定它落於哪一界域。這樣說念具，其實是工夫義，與性具、心具在性格上無大分別。性具、心具可轉成念具，一念墮

14　《法華玄義》卷五上，《大正藏》33‧735a。
15　《法華玄義》卷五下，《大正藏》33‧744a。

落，便會如此。另外，智顗說「不離苦道，別有法身」，這可說是苦道具法身，這是一個工夫論的命題，不是存有論的命題。即是，人若一念覺悟，則可從苦道轉出法身。相反，法身亦可具苦道，這也是工夫論命題，不是存有論命題。人若一念迷執，可從法身墮為苦道。[16]

　　說到一念心具足諸法，智顗的典型說法，自是所謂「一念三千」。但這不出自《法華玄義》，而出自他的另一鉅著《摩訶止觀》。以下謹先引原文，再加以析論，以與《法華玄義》的說法作對比：

> 三千在一念心。若無心而已，介爾有心，即具三千。亦不言一心在前，一切法在後；亦不言一切法在前，一心在後。……若從一心生一切法，此則是縱；若心一時含一切法者，此則是橫。縱亦不可，橫亦不可。只心是一切法，一切法是心故。[17]

　　這裏說一念心，或一心，都是就妄念而言。「三千」表示一念心起所可能停駐的境地。人若不生起一念心，便不必說。只要

16　在《法華玄義》中，有與上面引文相類的說法：「凡心一念，即皆具十法界。一一界悉有煩惱性相、惡業性相、苦道性相。若有無明煩惱性相，即是智慧觀照性相。何者？以迷明，故起無明。若解無明，即是於明。大經云：無明轉，即變為明。淨名云：無明即是明。當知不離無明，而有於明。如冰是水，如水是冰。（卷五下，《大正藏》33‧743c。）又：「凡夫心一念即具十界，悉有惡業性相。只惡性相即善性相。由惡有善，離惡無善。翻於諸惡，即善資成。」（Idem.）

17　《摩訶止觀》卷五上，《大正藏》46‧54a。

猝然生起一念心，它便可流連於三千或更多的境域，而停駐於其中，因而「具三千」。進一步言，人只要發一念心，便總有三千種境域中的一種現前，與這一念心相應。一念心總與三千種境域的其中一種同時生起，也同時沉降。這「同時生起，同時沉降」中的「同時」非常重要。「一心在前，一切法在後」，或「一切法在前，一心在後」，便不是同時了。

　　就心來說，智顗提出，「從一心生一切法」或「心一時含一切法」，都不能建立心與法的關係。從一心生一切法是先有心，然後才生起一切法，這是從心下貫下來，是縱的方向，不是同時的關係。心一時含一切法是先有心的種子含藏一切法，然後這些種子依緣而現起一切法，然後再帶動心的生起。這則是以心的種子含藏一切法為主，是橫的方向，心與法也不是同時關係。故「縱亦不可，橫亦不可」，二者都不能交代心與法的同時生起、同時沉降的關係。

　　要讓一念心能與三千種境域或一切法同時生起同時沉降，只有一種可能性，這便是「只心是一切法，一切法是心」。此中的「是」應作動態的解釋，解作同時現前之意。即是，一念心與一切法同時現前，同時沉降。這即是，心與一切法有同起同寂的關係，心與法在作用（起）與不作用（寂）中為同調。故心在法在，心不在法不在，法是隨心轉的。這是心或一念心具諸法的意思。我們可以說，通過這種一念心具諸法的觀法，能讓一念心保住存在，不使存在下墜以至泯滅。[18]

---

[18]　有關這個問題，其詳可參考拙著《天台智顗的心靈哲學》，頁 82-84。按在儒家王陽明的哲學中，亦有類似的心與存在的關係。陽明說：「你未看此花時，此花與汝心同歸於寂。你來看此花時，則此花顏色一時明

　　以上所析論的，較能展示智顗說具足諸法的意思。一念心與諸法同起同寂，故一念心具足諸法。同樣，若虛妄的一念心轉化成佛性、真心，這佛性、真心亦可與諸法有同起同寂的關係。具足諸法的意思，到這裏應該很清楚了。《摩訶止觀》的這段文字，對理解智顗言具足諸法一點來說，非常有啟發性。這是上引《法華玄義》的文字所不及的。本文雖是以《法華玄義》為主，但為了清楚理解起見，因而指涉到《摩訶止觀》，希望讀者不要以為離開原本文獻是幸。

　　從以上的探討可以看到，智顗說具足諸法，不管是性具、心（真心）具，抑是一念（妄）心具，都是諸法相應地隨著佛性、真心、一念妄心而起而降的意思，諸法永遠為佛性、真心、一念妄心所帶動。倘若我們說前者為客體性（Objektivität），後者為主體性（Subjektivität），則客體性總是隨著主體性而轉的，而生起，而沉降。這便顯出智顗哲學的觀念論或唯心主義色彩。而客體性隨主體性運轉，是在工夫實踐、救贖意義下進行的，客體性並無獨立於主體性的地位，故難以構成一套存有論。若以圓教的立場說具，則可以說這是工夫義的圓具，而不是存有論的圓具。或者我們可以說，在智顗的體系中，並無獨立的存有論，他的存有論是在工夫論、救贖論的脈絡下建立的。一切存在，都作為實現宗教理想即覺悟、成道、得解脫的大目標之下的契機、憑依而有其價值。離開了這個背景，對一切存在的研究便淪於虛浮，存有論的建立也變得無意義。雖然如此，存在世界還是不能

　　白起來，便知此花不在你的心外。」（王陽明《傳習錄》下，《王陽明全書》1・90，臺北：正中書局，1976。）

捨棄，還是要保住的。它是我們生於斯長於斯的環境，是我們實現宗教價值、目標的場域。就對於三千諸法來說，我們理解它們，滲透到隱藏在它們內裏的本質方面去：它們是性空但是有緣起性、現象性。既然它們是性空，沒有自性，則不會構成我們在修道歷程中的必然的障礙，故我們不必排拒它們，捨棄它們。我們更可通過理解我的一念心具足三千諸法而進一步理解自己。

以下我們再看《法華玄義》一段重要文字，以確定智顗所關心的是工夫論、救贖論，而不是存有論。他說：

> 從無住本立一切法。無住之理，即是本時實相真諦也。一切法即是本時森羅俗諦也。由實相真本，垂於俗跡。尋於俗跡，即顯真本。本跡雖殊，不思議一也。故文云：觀一切法空如實相，但以因緣有，從顛倒生。[19]

這是以一切法作為跡，為作為本的實相所立。這讓我回想到自己重視的智顗以本跡關係來說體用關係。這作為本的實相，即是無住。「從無住本立一切法」來自《維摩經》（*Vimalakīrtinirdeśa-sūtra*）。[20]「無住」是一實踐論、工夫論概念，不是本體論、存有論概念。故即使說一切法從無住本而立，是對一切法的根源的說明，這說明亦不是一存有論的說明，只能說是工夫論的說明。故智顗並未有從存有論上建立諸法，而性、心、一念心具足諸法的說法，亦不是存有論的具足。至於說「一切法空如實相，但以

19　《法華玄義》卷七上，《大正藏》33・764b。
20　《維摩經》卷中，《大正藏》14・547c。

因緣有，從顛倒生」，則可說是對一切法的存在性的說明，特別
是「以因緣有」，但這不是智顗首先提出的，印度佛學本來便這
樣說。

　　最後，我們要就詮釋學的角度來看具足諸法的問題，特別是
一念三千的問題，看這些說法在哪種意義下可與詮釋學、現象學
方面連結起來。首先，智顗的「一念三千」、「即事而真」、
「一色一香無非中道」、「具足諸法」的說法，一方面表示他重
視現前的存在，另方面也表示這些現前的存在當下即是真理的所
在，我們不應遠離它們去尋覓真理。這些現前的存在很為海德格
（Martin Heidegger）所重視，他稱之為「此在」（Dasein）。
他在其《存有與時間》（Sein und Zeit）中即提出基本存有論
（Fundamentalontologie），對此在的存在性作徹底的、全面的分
析。他強調此在的實存性（Faktizität），它們是不能賦與基礎的
（unbegründbar）和不可推導的（unableitbar）。[21]這種此在的實
存性有很強的現實性、即時呈現性，這正類似智顗說一念三千所
表示的諸法的現前性和具體性。它們與心念同起同寂，必須當下
把捉，稍遜即逝，如同心念稍遜即逝那樣。葛達瑪（Hans-Georg
Gadamer）也說過，存有（Sein）和客觀性（Objektivität）的所有
意義（Sinn），只有在此在的時間性和歷史性的脈絡下才能被交
代清楚。[22]這時間性（Zeitlichkeit）與歷史性（Geschichtlichkeit）
正是以當下為基礎的。心念在當下生起，諸法即現起；心念在當
下沉寂，諸法即消逝。這種此在的實存性正站在實在的實體的常

---

[21]　Hans-Georg Gadamer, *Hermaneutik I: Wahrheit und Methode*, Tübingen: J.
C. B. Mohr (Paul Siebeck), 1990, S.259-260. 此書以下簡作 WM。

[22]　WM, S.260.

住性的對反位置，後者是傳統的實體主義所強調的。在這點上，葛達瑪也承認胡塞爾（E. Husserl）的超越的主體性已從這種實體存有論（Substanzontologie）脫卻開來，遠離傳統的客觀主義了。[23]在這點上看來，胡塞爾與海德格還是同一路向的，儘管他們在其他觀點上持不同意見。

　　現在我們還是順著海德格的此在觀念繼續反思。按詮釋學包括三方面：理解（Verstehen，Erklären）、解釋（Auslegen）和應用（Anwenden）。葛達瑪留意到海德格對理解有新的詮釋：它不是如狄爾泰所視為精神在暮年所獲致的生活體驗，也不是如胡塞爾那樣視之為「順應己意而生活」（Dahinleben）而得的方法論意涵的理想，而是對存有的此在（Dasein）的完成與建立。[24]而這種完成與建立活動是一種超越性格的活動。按這樣詮釋理解，很有創意。這有對當前的存在（此在 Dasein）有即時肯定、建立之意。在天台宗來說，這是對一念三千的三千諸法的一種具有轉化意義的首肯，有智顗後期理解三觀中的假觀的立法攝受之意。這是以圓力用來建立諸法，攝受眾生，不帶任何執著成分。葛達瑪自己也以為，理解是一種自由自在的精神狀態，具有解釋（Auslegen）、觀察連繫（Bezügen-sehen）和導出結論（Folgerungen-ziehen）等全面的可能性。[25]這是對事物的一種全面而深刻的探究。我們對三千諸法也應具有這樣周延的處理，善法固然接受，惡法也加以包容，而當下轉化之，轉識成智，轉染成淨。進一步，葛氏更視理解最終有自我理解（Sichverstehen）

---

[23]　Idem.

[24]　WM, S.264.

[25]　WM, S.265.

之意。即是，我們理解某種表述，不單是對該表述所涉及的東西的直接把握，同時也開啟了和了解了隱藏在表述內的東西，並且自覺到我們自己在對這隱藏了的東西具有溝通和察識。由此便會按照自身的條件、可能性去作出相應的感應、籌劃。[26]葛氏的這種觀察，對我們理解中道佛性來說，有很大的啟發性。中道佛性是最高主體，說它是真我亦不為過，只要不把這「我」與原始佛教所說的「無我」的「我」混同便可。故對中道佛性理解得越深，便越增加我們對自己的理解，同時，我們亦可把隱匿在中道佛性背後的思維模式揭露出來，這便是心即理的思維模式。中道是原理、真理；佛性是真心。「中道佛性」這一複合概念表示中道與佛性是等同的，這即有原理、真理等同於真心的意涵，由是得理即心或心即理的思想模式。

葛達瑪提到海德格論解釋（Auslegung），謂海氏認為我們不應被隱藏著的「前此之有」（Vorhabe）、「前此之見」（Vorsicht）和「前此之得」（Vorgriff）所迷惑，所限制，卻是要以現前的事象的實況為依歸；特別是不要被這些不好的東西所克服，而弄至精神渙散，卻是要注目於現前事物本身，對它作出恰當的策劃、處理。[27]這裏所謂「前此之有」、「前此之見」和「前此之得」，很有《莊子》書中所謂「成心」（由個人的成見慣習所致）、「識知心」（執著計較之心）的意味，而海氏所說的現前的事物本身，即有此在（Dasein）之意。海德格的這番話語，對我們理解天台義理有啟示作用。即是，我們對當前的中道

---

[26] Idem.

[27] WM, S.271.

佛性、心、妄念所具足的三千諸法，應視為此在看，對它們有一種存有論意義的承許，不得隨便廢棄。因為它們畢竟本性空寂，沒有自體，對我們行解脫道，不會構成障礙。而我們展現中道佛性，也不應受限於一切既成的俗見、慣習，它是透過我們對它所具足的三千諸法的當前印證而逆覺出來的，逆覺中道佛性是三千諸法的載體、源泉。

　　最後，葛達瑪提到胡塞爾的生活世界（Lebenswelt）。他認為這個世界不具有對象性，卻是一切經驗的基礎，即在存有論上對經驗具有先在性。它關聯著主體而存在，而且存在於相對有效性的運動中。[28]這生活世界頗有上面時常提到的一念三千說法的三千法與佛性、真心、妄念同起同寂的意味。特別是它存在於相對有效性的運動中，表示它的存在基礎不是一個靜態的實體（Substanz），而是具有動感（Dynamik）的活動（Aktivität）。這便有活動先在於存在的意味。不過，葛達瑪說胡塞爾的這種活動或運動，是相對有效性的運動，這便有些問題。像這樣的在存有論上先在於經驗的運動，應該是絕對的、超越的、有終極意義的。或許葛氏的意思是，胡氏的生活世界是超越的主體或絕對意識（absolutes Bewußtsein）落實在現實環境中的表現，一說到現實，便不能免於相對性了。

28　WM, S.251.

第四章

《法華玄義》的圓教模型

　　《法華玄義》是智顗著作中挺重要的作品，它基本上是以
《法華經》為依據，展示智顗的思想體系，特別是他對自家的圓
教的構築。從這部著作中，我們可以充分地看到他的圓教模型，
即是，他心目中的圓教有些甚麼理想義、價值義的性格。以下我
們將探討智顗在這書中所展示的圓教模型。

　　牟宗三先生在其鉅著《佛性與般若》中，曾以存有論地圓具
一切法及予諸法一根源的說明來為天台學特別是智顗的圓教思想
定位，確認他所開出的一套存有論是無執的存有論。[1]我們這裏
說天台學特別是智顗的圓教，並未把重點放在存有論方面，反而
把重點放在工夫論、救贖論方面。在本書第二、三章我們已論證
過，智顗所說的佛性、一念心等具足諸法，主要是工夫論、救贖
論的意義，存有論的意義是比較淡薄的。實際上，在佛教的各宗

---

[1]　關於這點，牟先生在其著作中曾多次提及，包括：《佛性與般若》（臺
　　北：臺灣學生書局，1977）、《現象與物自身》（臺北：臺灣學生書
　　局，1975）；另外，他的《智的直覺與中國哲學》（臺北：臺灣商務印
　　書館，1971）、《中國哲學十九講》（臺北：臺灣學生書局，1983）也
　　隱含這個意思。

派中,除了唯識學(Vijñānavāda)和華嚴宗外,都不大注重存在問題,因此也沒有獨立的存有論。唯識學所成就的存有論,或現象論(phenomenalism)是有執的,現象的根源還是在心識,它是阿賴耶緣起的說法。華嚴宗則是法界緣起的說法,所成就的存有論是無執的,可說為現象學(phenomenology)。但這無執的存有論也不是獨立的,它源於毗盧遮那(Vairocana)佛的海印三昧禪定。

以下我們就四點來說智顗思想的圓教模型,並與其他佛教學說作些比較。這四點在《法華玄義》中都有充分的闡述。首先,智顗以佛性或中道佛性來說終極真理;他強調真理是現前性格的,它內在於任何事物之中。即是說,任何事物,就工夫論、實踐論來說,都是體證真理的媒介。離開了日常事物,真理便無處體證了。為了表述這個意思,智顗常用的字眼是:

　　一色一香,無非中道。[2]

他有時也說:

　　即事而中。[3]

---

[2]　《法華玄義》卷一下,《大正藏》33‧690b;卷二上,《大正藏》33‧694b;卷四上,《大正藏》33‧720c;卷六下,《大正藏》33‧761b;卷六下,《大正藏》33‧754c(這裏說「一切諸法,無非中道」,意思全同);卷一下,《大正藏》33‧688c(這裏再補一句:「離是無別中道」)。

[3]　《法華玄義》卷二下,《大正藏》33‧701b。

有時說：

即事而真。[4]

有時說：

即事而真，非滅後真。[5]

　　這除了強調真理表現在現前事物中之外，更補充謂我們體證真理，不是等待諸法滅去後才能體證，應在當前諸法中體證。這很明顯是針對藏教的析離諸法而證空理的謬誤而提出的。值得注意的是，這樣強調即就現前事物本身來體證真理，體證存有（Sein），與葛達瑪（Hans-Georg Gadamer）所說的「去除遮蔽」（Unverborgenheit）以顯存有可說是具有同一的旨趣，起碼兩者是相通的。不過，智顗是從正面說，葛達瑪是從負面說。這也可以說是對海德格（Martin Heidegger）所常喟歎的哲學家「對存有的忘懷」（Seinsvergessenheit）的回應，要在日常事物中尋回已迷失了的存有、真理。這同時也回應了海氏晚年常提到的「沒有故鄉的狀態」（Heimatlosigkeit）；這「故鄉」（Heimat）正是指心靈的歸宿，或真理。「故鄉」不在遠方，只在目前。起碼對於智顗來說是如此。實際上，海德格自己便說過，哲學自古便

4　《法華玄義》卷四上，《大正藏》33・721a。
5　《法華玄義》卷二下，《大正藏》33・701a。

把真理與存在相提並論。[6]這恐怕亦有智顗的意思,即真理是在存在中開顯的。智顗更引述《法華經》的話語,謂「一切世間治生產業,皆與實相不相違背。」[7]即是,我們日常的生活云為,一切事務,都是符順真理的。這頗有海德格所說的意味。

對於即就現前事物本身而體證真理,智顗透過對藏教的批判,作一總結。他說:

> 實有時無真,滅有時無俗,二諦義不成。……幻有是俗,幻有不可得,即俗而真。[8]

智顗認為,藏教要析離諸法才能證得無自性空理;若不析離,便無法證得。因此,他們在面對諸法未析離的狀態(實有)時,無法證得真理。待析離諸法後,證得真理,但作為俗諦的諸法已不存在了。因此,就藏教來說,真理(真)與諸法(俗)是無法同時並存的。真與俗不能共存,故不能成就二諦的教說,後者是中觀學或通教的特性。智顗認為,諸法是緣起幻有,不是實有,故不應執取,但我們可以即就幻有(俗)而證取其無自性空理,亦即是真理,所謂「即俗而真」也。

對於現證真理一點,在詮釋學與現象學方面也有類似的說法。葛達瑪提到,胡塞爾(E. Husserl)認為精神科學和自然科

6　轉引自嚴平著《高達美》(臺北:東大圖書公司,1997),頁50。按此語出自海氏的鉅著《存有與時間》(*Sein und Zeit*)。

7　《法華玄義》卷八上,《大正藏》33・778a。

8　《法華玄義》卷二下,《大正藏》33・702c。

學都要從普遍生活的意向性（Intentionalität）的活動、行持（Leistung）中推導出來。這種生活的意向性具有哲學性的自我省察的意義。[9]這所謂「普遍生活的意向性的活動、行持」正是指我們日常生活的種種做法與所接觸的事物，相當於智顗所說的「俗」。而精神科學與自然科學則相當於「真」。後者要從前者推導出來，即有「真」要從「俗」中推導出來、體證出來的意味。這兩方面可相比較，雖然不算很貼切。精神科學（Geisteswissenschaften）可說真、真理，自然科學（Naturwissenschaften）能否也說是真呢？這是可以諍議的。

圓教模型的第二點特性是一心三觀。即是說，一心能同時觀取三方面的對象：空（śūnyatā）、假名（prajñapti）和中道（madhyamā pratipad）。這裏一方面強調三觀的所謂三體形式（threefold pattern），另一方面又強調中道或中道佛性，並以這中道或中道佛性來統合空與假名。關於中道佛性作為智顗的思想體系的核心觀念，我們已說得很多了。這裏我們集中說三觀。三觀有能觀的心，有所觀的對象：空是事物的無自性性格；假名或假是被施設假名的世間種種事物；中道或中是不偏於空、假，離有離無的絕對境界，這是中觀學的一貫說法，智顗將之等同於佛性，而以「中道佛性」名之，那是他自己的創造性詮釋。在這裏，我們要作一區分。智顗認為，別教的三觀是有次第的，即先觀空，再觀假，最後觀中道。圓教的三觀則能同時觀取事物的空、假、中道的三個面相，而無混淆。這便是「即空即假即

9　Hans-Georg Gadamer, *Hermeneutik I, Wahrheit und Methode*. Tübingen: J. C. B. Mohr (Paul Siebeck), 1990, S.263. 此書以下作 WM。

中」[10]這一口號所表的意涵。在這裏，「即」字一氣貫下，表示中間沒有時間與空間的間隙之意。即是說，事物的空、假、中三方面的面相同時一處把得，中間沒有隔閡，這可以說是圓觀，是圓教的認識論。

這種圓教的認識論與一般的認識論不同。後者是認識一般的對象，圓教認識論則是認識終極真理。智顗說：

> 一實諦即空即假即中，無異無別。[11]

一實諦即是絕對的、真實的真理。「一」不作數目看，而是絕對的意思。智顗的意思是，事物的絕對的真理有三個面相：空、假、中道。這絕對真理與空、假、中道是合而為一的，沒有任何差別。

三觀的對象通常是客觀的事物，但也有以心作為被觀的對象的。智顗說：

> 淨心觀者，謂觀諸心悉是因緣生法，即空即假即中，一心三觀。[12]

10　《法華玄義》卷五上，《大正藏》33‧739a；卷八上，《大正藏》33‧778a；卷一上，《大正藏》33‧682c；卷六下，《大正藏》33‧758a。按最後兩個出處多加了因緣生法字眼，其「即空即假即中」句則是一樣。

11　《法華玄義》卷八下，《大正藏》33‧781b。

12　《法華玄義》卷七上，《大正藏》33‧763b。

　　依智顗，三觀觀心與觀諸法是一樣的，同樣以之為生滅法來觀照。心自身本無自性，故是空。它能思考念慮，有它的作用，「心」的假名正相應這種作用而施設，故是假。另外，如能不著於心也不捨離它，而能恰當地理解它、運用它，這便是中道。

　　對於即空即假即中，智顗又以不空觀念來解讀。他說：

> 見不空者，復有多種。一見不空，次第斷結，從淺至深，
> 此乃相似之實，非正實也。二見不空，具一切法。初阿字
> 門，則解一切義，即中即假即空，不一不異，無三無一。[13]

　　這裏說兩種不空，一種是以次第、階段的方式斷除煩惱的，這顯明地指別教而言，智顗認為不能與即空即假即中相配。另一種則是圓教的不空，這不空具足一切法，不生不滅（阿字門指不生不滅），能超越地同時證得事物的空、假、中道三個面相。這三個面相融成一體，不是數目的三，也不是數目的一，而是一個絕對的整一。

　　進一步，在即空即假即中方面，可以有兩種方式：帶著即空即假而通於中道，與不帶著即空即假而直通中道，智顗以為後者勝於前者，他說：

> 若帶即空即假通中者麁，不帶空假直通中者妙。[14]

13　《法華玄義》卷八上，《大正藏》33・781a。

14　《法華玄義》卷二上，《大正藏》33・696c。

即是說，即空即假即中，仍不如跳躍飛過空假而直通中道。這是直顯中道或中道佛性為最高真理，它自身即有空假的內容在，不必在外邊為它即空即假。這樣更有圓頓的意味。

即空即假即中是對真理體證的實踐，其結果是培養出智慧。在這一點上，智顗參考《瓔珞經》（《菩薩瓔珞本業經》）所說的三觀來剖析，因而相應地成就三種智慧。他說：

> 《瓔珞》云：從假入空名二諦觀，從空入假名平等觀，二觀為方便道，得入中道第一義諦觀。今用從假入空觀為因，得成於果，名一切智。用從空入假觀為因，得成道種智果。用中觀為因，得成一切種智果也。[15]

這段文字是以從假入空、從空入假與中道第一義（諦）觀來說三觀。這樣說三觀有其殊勝之處。而三觀能分別成就的三智。我們在這裏要指出，智顗提三觀，雖在空、假相連的脈絡下提出，但仍是認識論層次，觀仍具有認識論意味，未進於救贖論的（soteriological）層次。即是說，《法華玄義》說三觀，其基調仍以認識論為主。在他的《摩訶止觀》，智顗說到三觀，則有救贖義，其目的在破除惑障，不在觀境。從假入空觀是破見思惑，悟得真空之體。從空入假觀是破無知惑，悟得假俗之體。中道正觀是破無明惑，悟得中道之體。[16]到最後註《維摩經》，則純是以救贖義來說三觀。如說從假入空觀是破法折伏義，從空入假觀

15　《法華玄義》卷三下，《大正藏》33・714b。

16　參閱拙著《天台智顗的心靈哲學》（臺北：臺灣商務印書館，1999），頁104。

是立法攝受義，中道正觀是教化眾生入實慧。[17]

　　最後，智顗以十界的有情來解讀即空即假即中。他說：

　　　六道表諸有因緣生法，二乘表即空，菩薩表即假，佛表即
　　　空即假即中，故佛界最為無上。[18]

又說：

　　　中論偈云：因緣所生法，我說即是空，亦名為假名，亦名
　　　中道義。六道相性即是因緣所生法也。二乘及通教菩薩等
　　　相性是我說即是空。六度別教菩薩相性是亦名為假名。佛
　　　界相性是亦名中道義。[19]

　　這裏智顗把十界眾生分成四類：六道、二乘、菩薩、佛，分
別比配三諦偈的因緣生法、空、假名、中道。即是六道配因緣生
法，二乘配即空，菩薩配即假，佛配即中道。有趣的是，智顗一
方面以即空即假即中表佛境界，另方面又以中道義表佛。這則涵
有中道本身已包容空、假的內容，即是，空、假不能包容中道，
中道卻能包容空、假，可見中道與空、假不是在同一層次的概
念，中道的層次是較高的，這中道當然指中道佛性。這可以說是

---

[17]　智顗著《維摩經略疏》卷三，《大正藏》38・597b；又可參閱拙著《天
　　　台智顗的心靈哲學》，頁143-145。
[18]　《法華玄義》卷二上，《大正藏》33・695b。
[19]　《法華玄義》卷二上，《大正藏》33・695c。

智顗對中道的新詮釋。[20]

圓教模型的第三點特性是強調煩惱即菩提，生死即涅槃。這表示生命的負面可直下、當下轉化，轉化成對宗教的解脫具有積極意義的資糧。這裏需要一種高度的辯證的智慧，才能成辦。關於這樣的相即，智顗說：

> 菩提是煩惱名集諦，涅槃是生死名苦諦。……煩惱即菩提名道諦，生死即涅槃名滅諦。[21]

他又說：

> 知涅槃即生死，顯四枯樹。知生死即涅槃，顯四榮樹。知生死涅槃不二，即一實諦。非枯非榮，住大涅槃也。……觀生死即涅槃，證得解脫。煩惱即菩提，證得般若。此二不二，證得法身。[22]

智顗首先以煩惱、菩提、生死、涅槃的關係說四諦。這裏所說的「是」與「即」，特別是「即」，其涵義需要注意。它們不是我們目下所了解的等同的意味，而是相即不離的意味，特別是當下墮落、當下轉化的意味。這便牽涉詮釋學的「歷史語境」的

---

[20] 拙著 *Tien-t'ai Buddhism and Early Mādhyamika* (Honolulu: University of Hawaii Press, 1993) 曾指出智顗的中道佛性包容空、假、中道三者，或空、假、中道是中道佛性的三個面相。參看該書，pp.144-149。

[21] 《法華玄義》卷二下，《大正藏》33‧701b。

[22] 《法華玄義》卷九上，《大正藏》33‧790a-b。

問題。我們要順應作者當時運用語言或語詞的背景與慣習，盡量把它們放進相應的歷史語境中來理解，不要以現代的背景或慣習來理解，否則必曲解原意。在相應的歷史語境中，「是」與「即」即是上述的意味，即是不離，不是等同。就關連著四諦來說，智顗以為，若菩提墮為煩惱，涅槃墮為生死，則世間性格的集、苦兩種情況出現，讓人生活於六道輪迴的境域之中。反之，若煩惱提升為菩提，生死提升為涅槃，則出世間或超越的道、滅會出現，讓人得出世間的自在涅槃的境域。

　　至於第二段文字，其前半部的涵義與上面解說過的文字差不多。後段文字則很重要，而且有新意。觀生死（saṃsāra）即涅槃（nirvāṇa），即是深刻地、廣面地體會生死這種生命的負面的東西，知它的本性是空的，並無常住不變的自性、實體，故生死是緣起法、生滅法，是可以被轉化的。它與涅槃是相即不離的，只看修行者的心靈狀態而定：一念迷即是生死，一念悟即是涅槃。生死可當下、直下轉為涅槃，涅槃亦可當下、直下下墮為生死。在這裏，修行是迷是悟，是生死抑是涅槃，具有絕對的自由。不過，自由度越大，便愈缺乏保障、保證。因而在修行道上，石頭路滑，必須時時提高警覺，不讓自己昏沉，遠離精進。若能在修行道上精進不懈怠，最後必能證入涅槃，獲得解脫（mokṣa）。另方面，觀煩惱（kleśa）即菩提（bodhi），能當下照察到煩惱的本質、本性為空，則煩惱自身亦無常住不變的自性、實體，可以直下轉化，轉出菩提的智慧來。這智慧是般若（prajñā）智慧，是觀照空、中道的最高真理的智慧。智顗最後作總結，解脫與般若二者是不能分開的，前者是境界，後者是智慧。境界是智慧的結果，智慧是解脫的原因。這樣因果相即，最

後便能證得圓滿的法身（dharma-kāya）。

　　現在有一個很現實的問題：煩惱是不好的，但是很普遍的，我們如何在平常生活中實踐，把煩惱轉化成菩提智慧呢？我們可以舉病痛為例來解說。病痛是苦痛煩惱，也是人所不能免。有生必有老、病、死之苦。在病痛的期間，我們一方面承受它所帶來的痛苦，同時也會在承受這些痛苦中，培養自己的忍耐力，擴闊自己的容受範圍：我們不單能容受快樂，同時也可容受痛苦。這樣，我們的心性涵養便得到擴充，心靈境界也得到提升。這便可以說菩提智慧了。進一步說，如果我們明白病痛是緣起法、生滅法，它有它的生起的原因。只要找到原因，它是可以治癒的，它不會老是停留在你身體之內，因它不具有常住性格，故可以被轉化，被捨棄。這亦可說是一種菩提智慧，可讓我們安定心神，充滿信心去對治病痛。

　　另外一點要提出的是，生死與涅槃、煩惱與菩提在解脫論上都可說是一種背反（Antinomie）。所謂背反是兩個性格相對反的東西總是糾纏在一起，難以拆解。就作為背反看，生死與涅槃、煩惱與菩提的地位是對等的，雙方都在相對的層面上成立，沒有在存有論上一方跨越另一方或較另一方更為根本的先在性。因此我們不能以涅槃來克服生死，以菩提來克服煩惱。真正解決之道，是要能同時超越、克服生死與涅槃、煩惱與菩提，把它們所形成的整個背反作一徹底的超克，從生死與涅槃、煩惱與菩提等相對事物所構成的相對層面超越上來，以達於超生死、涅槃，超煩惱、菩提的絕對的境界。在這個階段，我們仍可說涅槃，說菩提，只是它們不再是與生死、煩惱相對，而是徹底的絕對或無對的性格了。

由生死即涅槃、煩惱即菩提便可說不斷生死而證涅槃，不斷煩惱而證菩提。因為，在這種即的脈絡下，生死、煩惱已不再是生命的負面的東西，而變為我們磨鍊意志、提升心性涵養的有效的媒介了。生死、煩惱是不需斷滅的，而是可保留的，只要我們能不受它們所圍，進一步善於利用、運用它們的話。這種不斷除生死、煩惱而證涅槃、菩提，最後得解脫，了斷一切障蔽的修行，稱為「不斷斷」，或「不思議斷」。「不斷斷」中的兩個「斷」字並沒有矛盾，前一「斷」字是斷除一切無明的因素，包括生死與煩惱，後一「斷」字則指解脫。這是一種弔詭的說法，其中有極其深刻的工夫的、救贖的智慧在。對於這樣的解脫方式，智顗在《法華玄義》中說：

> 若別有門，多就定分割截，漸次斷除五住，即是思議智斷也。乃至三門，亦如是。是為別四門相。若圓有門，解惑不二，多明不斷斷。五住皆不思議，即是不思議斷。乃至三門，亦如是。是為圓四門相。[23]

這是以四門（有門、空門、有空門、非有非空門）來說煩惱與圓教的解脫方式，而判別教為「思議斷」，圓教則為「不思議斷」。即是說，別教四門的修行、斷惑，是有割截的、漸次的、有階段的。圓教四門的修行、斷惑則是頓然的，五住煩惱可以不思議地一下子斷除。它是「解惑不二」的。解是解脫，惑是無明。解脫與無明糾纏在一起而成一個背反。對於解脫與無明同時

---

[23]　《法華玄義》卷九上，《大正藏》33・789a。

超越，同時克服，無明被轉成解脫，而解脫亦由相對性格上提至絕對性格。解脫與無明不二不離，最終它們所成的背反得到克服，而成就不思議解脫。

　　對於天台宗特別是智顗所提的不斷斷、不思議斷、生死即涅槃、煩惱即菩提這種弔詭的說法，應該在實踐生活中有相應的體驗，才能理解。因為這是生命的弔詭，離開了生命與生活，它們可能變成一團矛盾，不單沒有正面的意義，反而會造成思想上、概念上的混亂。這正如德國神學家布特曼（Rudolf Bultmann）所提出的，一切理解都假定了解釋者和文本之間存在著一種生命上的連結，即是說，在解釋者與文本所述說的東西之間有一種預先的聯繫。他把這種聯繫叫作「前此理解」（Vorverständnis）。[24]我們對於天台宗的弔詭也應作如是觀，即是，我們要在實際的生活中去體驗，與它們做成某種程度的聯繫，才能感到它們的意義。

　　圓教模型的第四點特性是以中道佛性作為終極真理，而且以圓頓的方式，不是以次第的方式，來證成。

　　最後我們討論一個問題：智顗判藏、通、別、圓四教，而以自家的天台教法為圓教，為最高的教法。到底他所謂的「圓」，其直接的意味是甚麼呢？上面我們提到圓教模型的四個特性，這些特性都可在《法華玄義》中看到，現在我們把這四點作這樣的整合：圓教肯認中道佛性為終極真理，它展示於我們的日用云為及一般的物事之中。在認識論上，它具有三個面相：空、假名、中道，這三者同時體現，同時證得。在救贖論上，它展現為種種

24　WM, S.336.

背反，如生死與涅槃的背反、煩惱與菩提的背反。解脫即現成於對這些背反的超克，超克的方法，是即就生死轉化為涅槃，煩惱轉化為菩提，而得絕對的涅槃與菩提。這是不斷斷、不思議解脫。

　　這一步，我們可以再問：作為終極真理的中道佛性有甚麼內涵呢？對於這個問題，我們仍可就《法華玄義》書中找到答案。智顗在書中批評通教，謂它說的中道「無功用，不備諸法」。[25]他既然這樣批判通教所言的真理沒有功用，又不具足諸法，則他所提的圓教的中道佛性，自應具有功用和具足諸法了。特別是具足諸法一點，他在《法華玄義》中提到「圓」一概念時，也強調這點。他說：

　　　　圓人聞不空，即知具一切佛法，無有缺減，故言一切趣不空也。[26]

　　又說：

　　　　圓三諦者，非但中道具足佛法，真俗亦然。[27]

　　「不空」指如來藏，亦即中道佛性。「一切佛法」，「佛法」與一切法沒有本質的差別，都是指存在、物事而言，只是「佛法」傾向於清淨的物事的意味。從上面兩段文字可以看到，

25　《法華玄義》卷二下，《大正藏》33・704c-705a。

26　《法華玄義》卷二下，《大正藏》33・703b。

27　《法華玄義》卷二下，《大正藏》33・705a。

所謂「圓」主要指具足諸法。這所謂「具足諸法」，如上面說過，傾向於實踐論、救贖論意味，存有論的意味是較輕的。

智顗的另一鉅著《摩訶止觀》提到「圓力用」的問題。他這樣說：

> （菩薩）內自通達即空即假即中，不動法性，而令種種獲益，得種種用。是名圓力用建立眾生。[28]

即是說，圓教所強調的真理是有力用、功用的。體證得這真理的人能起種種力用以利益眾生。這真理自是指中道佛性而言。

綜合上面的所說，我們可以對智顗的圓觀或圓教，作以下的恰當的理解：圓教肯認中道佛性為終極真理，它展示於我們的日用云為及一切物事之中。它具足諸法和具有能動性，體證得這真理的人，能起現種種力用，以利益眾生。在認識論上，這真理具有三個面相：空、假名、中道。這三者同時體現，同時把得。在救贖論上，它展現為種種背反，如生死與涅槃的背反、煩惱與菩提的背反。解脫即現成於對這些背反的超克中，超克的方法，是即就生死轉化為涅槃，煩惱轉化為菩提，而得絕對的涅槃與菩提。這種解脫稱為「不斷斷」、「不思議斷」。

最後，我們要以《法華經》（*Saddharmapuṇḍarīka-sūtra*）作為線索，來印證一下智顗的圓教義。如所周知，智顗的學思分前、後兩個時期，前期以發揚《大智度論》（*Mahāprajñāpāramitā-śāstra*）為主，後期則以發揚《法華經》為主。其中又以發揚

---

[28] 《摩訶止觀》卷一上，《大正藏》46·2a-b。

《法華經》為重要，理由是他透過這部重要的大乘經典來建立他的成熟的圓教思想。即使到了臨終期間，他對《法華經》還是念之繫之的。他的弟子灌頂編有《國清百錄》，其中說到智顗，曾引述他自己的話：

> 我位居五品弟子，事在法華。[29]

「事在法華」充分表示出他對《法華經》的關心。而他的《法華玄義》也正是他發揮《法華經》的義理的挺重要的著作。以下我們擇取《法華玄義》一些涉及《法華經》的話語以印證我們上述有關他的圓教的意趣。首先，智顗提及《中論》的三諦偈謂：

> 初句申三藏，次句申通，次句申別，次句申圓。法華又為第四句所申也。[30]

即是說，「眾因緣生法」這一初句是描述藏教的；「我說即是空」描述通教；「亦為是假名」描述別教；「亦是中道義」描述圓教，同時也描述《法華經》。中道自然指中道佛性，那是圓教的核心觀念，當然是申述圓教的。但是否能說為申述《法華經》呢？在智顗眼中，答案是肯定的，雖然未有文獻根據，《法華經》並未有談到中道，更不要說中道佛性了。

29　卷三，《大正藏》46・811b。

30　《法華玄義》卷一下，《大正藏》33・686b。

在另一處智顗又說：

> 此經數數現生現滅者，生非實生，滅非實滅。[31]

「此經」指《法華經》。依智顗，《法華經》說到諸法生滅問題時，以緣起幻有的角度來說，生是幻有，滅是幻滅，不是實生實滅。諸法既不是實生實滅，我們便不必捨離它們。即使生死、煩惱也不必捨離，更何況這些世間法哩。不過，有關生滅的說法，好像不見於《法華經》，智顗自家恐怕是弄錯了。

又在《法華玄義》中，智顗提到《法華經》，謂其中有以下文字：

> 一切世間治生產業，皆與實相不相違背。[32]

這是說，世間法（如治生產業）並不妨礙真理的顯現，或我們對真理的體證。這便有我們在上面論圓教義的中道佛性含有假（假名）的面相，「假」即可概括一切世間法。這又與終極真理（實相）能展示於我們的日用云為及一切物事之中一點相符順。

31　《法華玄義》卷七下，《大正藏》33‧769a。
32　《法華玄義》卷八上，《大正藏》33‧778a。

參考書目

一、日文

安藤俊雄：《天台性具思想論》，京都：法藏館，1953 年。

安藤俊雄：《天台思想史》，京都：法藏館，1959 年。

安藤俊雄：《天台學：根本思想とその展開》，京都：平樂寺書店，1968 年。

安藤俊雄：《天台學論集：止觀と淨土》，京都：平樂寺書店，1975 年。

中國佛教研究會：《摩訶止觀引用典據總覽》，東京：中山書房佛書林，1987 年。

福田堯穎：《天台學概論》，東京：三省堂，1955 年。

日比宣正：《唐代天台學研究》，東京：山喜房佛書林，1975 年。

日比宣正：《唐代天台學序說》，東京：山喜房佛書林，1975 年。

平井俊榮：《法華文句の成立に關する研究》，東京：春秋社，1985 年。

池田魯參：《國清百錄の研究》，東京：大藏出版社，1982 年。

池田魯參：《摩訶止觀研究序說》，東京：大通出版社，1986 年。

池田魯參：《詳解摩訶止觀：定本訓讀篇》，東京：大藏出版社，1997 年。

池田魯參：《詳解摩訶止觀：研究註釋篇》，東京：大藏出版社，1997 年。

池田魯參：《詳解摩訶止觀：現代語譯篇》，東京：大藏出版社，1997 年。

石津照璽：《天台實相論の研究》，東京：弘文堂，1947 年。

菅野博史：《法華玄義入門》，東京：第三文明社，1997 年。

京戶慈光：《天台大師の生涯》，東京：第三文明社，1975 年。

勝呂信靜（編）：《法華經の思想と展開》，京都：平樂寺書店，2001
　　　年。

天台大師研究編集委員會編集：《天台大師研究》，京都：河北印刷株式
　　　會社，平成 9 年。

村中祐生：《摩訶止觀》，東京：中央公論社，1988 年。

宮本正尊（編）：《佛教の根本真理》，東京：三省堂，1974 年。

南山宗教文化研究所（編）：《天台佛教とキリスト教》，東京：春秋
　　　社，1988 年。

新田雅章：《天台實相論の研究》，京都：平樂寺書店，1981 年。

新田雅章：《天台學入門》，東京：第三文明社，1988 年。

新田雅章：《摩訶止觀》，東京：大藏出版社，1989 年。

橫超慧日：《法華經序說》，京都：法藏館，1967 年。

橫超慧日（編）：《法華思想》，京都：平樂寺書店，1969 年。

大野榮人：《天台止觀成立史の研究》，京都：法藏館，1994 年。

坂本幸男：《大乘佛教の研究》，東京：大東出版社，1980 年。

坂本幸男（編）：《法華經の中國的展開》，京都：平樂寺書店，1972
　　　年。

佐佐木憲德：《天台緣起論展開史》，京都：永田文昌堂，1953 年。

佐佐木憲德：《天台教學》，京都：百華苑，1978 年。

佐藤哲英：《天台大師の研究》，京都：百華苑，1961 年。

佐藤哲英：《續・天台大師の研究》，京都：百華苑，1981 年。

關口真大：《天台小止觀の研究》，東京：山喜房佛書林，1961 年。

關口真大：《摩訶止觀：禪思想の原理》，東京：岩波書店，1966 年。

關口真大：《天台止觀の研究》，東京：岩波書店，1969 年。

關口真大（編）：《天台四教儀》，東京：山喜房佛書林，1968 年。

關口真大（編）：《止觀の研究》，東京：岩波書店，1975 年。

關口真大（編著）：《天台教學の研究》，東京：大東出版社，1978 年。

關口真大（譯註）：《天台小止觀》，東京：岩波書店，1991 年。

島地大等：《天台教學史》，東京：隆文館，1972 年。

多田孝正：《法華玄義》，東京：人藏出版社，1991 年。

多田厚隆：《摩訶止觀講述：止觀明靜》一卷、二卷，東京：山喜房佛書
　　　林，2005、2007 年。

武覺超：《天台教學の研究：大乘起信論との交涉》，京都：法藏館，
　　　1988 年。

玉城康四郎：《心把捉の展開》，東京：山喜房佛書林，1961 年。

田村芳朗、梅原猛：《絕對の真理：天台》，東京：角川書店，1969 年。

田村芳朗：《法華經》，東京：中央公論社，1969 年。

田村芳朗、新田雅章：《智顗》，東京：大藏出版社，1982 年。

二、中文

尤惠貞：《天台宗性具圓教之研究》，臺北：文津出版社，1993 年。

尤惠貞：《天台哲學與佛教實踐》，嘉義：南華大學，1999 年。

牟宗三：《中國哲學十九講：中國哲學之簡述及其所涵蘊之問題》，臺
　　　北：臺灣學生書局，1983 年。

牟宗三：《佛性與般若》，上／下，臺北：臺灣學生書局，1977 年。

牟宗三：《智的直覺與中國哲學》，臺北：臺灣商務印書館，1993 年。

牟宗三：《現象與物自身》，臺北：臺灣學生書局，1984 年。

牟宗三先生七十壽慶論文集編輯組編撰：《牟宗三先生的哲學與著作》，
　　　臺北：臺灣學生書局，1978 年。

李安：《童蒙止觀校釋》，北京：中華書局，1989 年。

李志夫：《妙法蓮華經玄義研究》，臺北：中華佛教文獻編撰社，1997
　　　年。

吳汝鈞：《中國佛學的現代詮釋》，臺北：文津出版社，1995 年。

吳汝鈞：《天台智顗的心靈哲學》，臺北：臺灣商務印書館，1999 年。

吳汝鈞：《佛教的概念與方法》，臺北：臺灣商務印書館，1988 年。

吳汝鈞：《從詮釋學與天台學說起》，臺北：臺灣學生書局，2016 年。

吳汝鈞著，陳森田譯：《中道佛性詮釋學：天台與中觀》，臺北：臺灣學
　　　生書局，2010 年。

唐君毅：《中國哲學原論・原性篇》校訂版，臺北：臺灣學生書局，1984

年。

唐君毅：《中國哲學原論・原道篇》校訂版，臺北：臺灣學生書局，1986
　　年。

唐君毅：《哲學論集》校訂版，臺北：臺灣學生書局，1980 年。

慧度：《智者的人生哲學》，臺北：牧村圖書有限公司，1997 年。

賴永海：《湛然》，臺北：東大圖書公司，1993 年。

三、英文

Chappell, David W. ed. *Tien-T'ai Buddhism: An Outline of the Fourfold Teachings*. Tokyo: Daiichi Shobo, 1983.

Donner, N. & Stevenson, D. B. *The Great Calming and Contemplation: A Study and Annotated Translation of the First Chapter of Chih-i's Mo-ho chih-kuan*. Honolulu: University of Hawaii Press, 1993.

Hurvitz, Leon. *Chih-I, An Introduction to the Life and Ideas of a Chinese Buddhist Monk*. Bruxelles: Juillet, 1962.

Ng, Yu-kwan. *Tien-t'ai Buddhism and Early Mādhyamika*. Honolulu: Tendai Institute of Hawaii, Buddhist Studies Porgram (University of Hawaii Press), 1993.

Swanson, Paul. *Foundations of Tien-t'ai Philosophy: The Flowering of the Two Truths Theory in Chinese Buddhism*. Berkeley: Asian Humanities Press, 1989.

Ziporyn, Brook. *Evil and /or /as the Good, Omnicentrism, Intersubjectivity, and Value Paradox in Tiantai Buddhist Thought*. Cambridge and London: Harvard University Asia Center, 2000.

四、德文

Kantor, Hans-Rudolf. *Die Heilslehre im Tiantai-Denken des Zhiyi und der philosophische Begriff des "Unendlichen" bei Mou Zongsan*. Wiesbaden: Harrassowitz Verlag, 1999.

五、佛學辭典

大藏經學術用語研究會編集：《佛典入門事典》，京都：永田文昌堂，
　　2001 年。

中村元監修：《新‧佛教辭典》，東京：誠信書房，1986 年。

中村元、平川彰、玉城康四郎責任編集：《佛典解題事典》，臺北：地平
　　線出版社，1977 年。

中村元等：《佛教語大辭典》，東京：東京書籍，1975 年。

多屋賴俊、橫超慧日、舟橋一哉編集：《佛教學辭典》，京都：法藏館，
　　1995 年。

吳汝鈞編著：《佛教思想大辭典》，臺北：臺灣商務印書館，1992 年。

河村孝照：《天台學辭典》，東京：國書刊行會，1991 年。

荻原雲來編纂：《漢譯對照梵和大辭典》，臺北：新文豐出版公司，1988
　　年。

國家圖書館出版品預行編目資料

牟宗三佛性與般若與存有論問題

吳汝鈞、王明翠合著. – 初版. – 臺北市：臺灣學生，
2024.03
面；公分

ISBN 978-957-15-1937-1 (平裝)

1. 牟宗三 2. 學術思想 3. 天臺宗 4. 佛教哲學

226.41   113001837

牟宗三佛性與般若與存有論問題

著 作 者　吳汝鈞、王明翠
出 版 者　臺灣學生書局有限公司
發 行 人　楊雲龍
發 行 所　臺灣學生書局有限公司
地　　址　臺北市和平東路一段 75 巷 11 號
劃 撥 帳 號　00024668
電　　話　(02)23928185
傳　　眞　(02)23928105
E - m a i l　student.book@msa.hinet.net
網　　址　www.studentbook.com.tw
登記證字號　行政院新聞局局版北市業字第玖捌壹號
定　　價　新臺幣二八〇元
出 版 日 期　二〇二四年三月初版
I S B N　978-957-15-1937-1